KB122012

여자 ─ 공부하는 여자

앎으로써
삶을 바꾸는

나의 첫
페미니즘 수업

여자 — 공부하는 여자

민혜영 지음

whale books

나는 왜 마흔이 넘어 페미니즘을 공부하기로 했나

2017년 9월의 어느 날, 나는 버스에 앉아 주섬주섬 가방을 챙기고 있었다. 버스는 구불구불한 길을 따라 캠퍼스 안으로 들어가 사회과학대 건물 앞에서 멈추었다. 버스에서 내려 관악산 자락의 공기를 들이마시는 동안 대한민국 최고의 지성이라는 학생들이 내 옆을 지나갔다. 잠시 벤치에 앉아 그들을 바라보며 대학 다니던 때의 나를 떠올렸다. 97학번이었던 내가 20년 뒤 이 대학의 캠퍼스에 앉아 있을 줄을 상상이나 했을까?

서울대학교 대학원 여성학 협동조합 과정에는 '특별수강생'이라는 제도가 있다. 일반인에게 두 학기 동안 대학원 수업을 들을 수 있는 자격을 주는 제도인데 그 특별수강생이 되기 위해 나는 한 달 전 연구계획서를 제출했고 면접을 봤다. 그리고 합격. 첫

번째 수업을 듣는 날, 출력해온 서울대학교 지도를 펼쳐서 학생복
지관을 찾아 학생증을 만들고 곧장 중앙도서관에 가서 책 한 권을
빌렸다. 그러고는 중앙도서관에서 사회과학대로 가는 길 중간에
위치한 2층의 커피숍에 앉아 방금 대출한《성 정치학》을 펼쳤다.
하지만 도무지 글자가 눈에 들어오지 않았다. 내 머릿속에는 20
년 전 대학 1학년 때부터 지금까지의 시간이 파노라마처럼 줄지
어 떠오를 뿐이었다.

　　나는 지금 왜 여기에 앉아 있는 것일까? 왜 회사 업무를 잠시
미루고, 남편에게 유치원에서 하원하는 아이를 데리러 가달라고
부탁하고, 일주일에 두 번씩 이곳까지 와서 공부하기로 결심한 것
일까? 나는 왜 지금 여기 낯선 대학의 카페 귀퉁이에서 600페이
지가 넘는, 언뜻 보기에도 어렵고 골치 아파 보이는 책을 펼치고
있는 것일까?

　　당시 나는 열 살, 일곱 살 난 두 아이를 키우며 남편과 함께 조
그마한 콘텐츠 제작 사업체를 운영하고 있었다. 나의 평소 일과
는 이랬다. 새벽 네 시 반에 일어나 급한 회사 업무를 처리하고 일
곱 시에는 아침식사 준비를 했다. 한숨 돌릴 틈도 없이 아이를 깨
워 밥을 먹이고, 씻기고, 옷을 입혀서 유치원과 학교에 보낸 뒤 사
무실에 출근해 다시 회사 일을 시작했다. 아이의 학원과 유치원
이 끝나는 오후 네 시 즈음이면 집에 돌아왔고, 또다시 저녁식사

를 준비하고 아이에게 밥을 먹이고 씻기고 다음 날 준비물을 챙기고 숙제를 봐주고 청소며 설거지며 집안일을 했다. 저녁 내내 뒤를 쫓아다니며 종알대는 아이의 목소리를 건성으로 받아넘기는 내 머릿속은 회사 업무와 집안일, 내일 아침 찬거리와 주말 계획 등으로 항상 뒤죽박죽했고 일상적이고 자질구레한 일들 사이에서 언제나 우왕좌왕했다. 일과 육아 사이, 기쁨과 괴로움 사이, 죄책감과 자부심 사이, 상처와 혼란 사이에서 헤매면서 '이렇게밖에 살 수 없는 걸까?'와 '이렇게는 살 수 없다'는 생각이 번갈아 날아드는 하루하루였다.

답답했다. 뭐라도 해야만 했다. 그래서 닥치는 대로 책을 읽기 시작했다. 《잘라라, 기도하는 그 손을》에서 사사키 아타루는 이렇게 말한다.

> "읽고 만 이상, 거기에 그렇게 쓰여 있는 이상, 그 한 행이 아무래도 옳다고밖에 생각되지 않는 이상, 그 문구가 하얀 표면에 반짝반짝 검게 빛나 보이고 만 이상, 그 말에 이끌려 살아갈 수밖에 없습니다. 그 한 행의 검은 글자, 그 빛에."
>
> _(p.26)

어쩌면 나는 이런 문장을 찾아 헤매고 있던 것인지도 몰랐다. 그 말에 이끌려 살아갈 수밖에 없는, 내 인생을 바꿔줄 하나의 문장을 말이다. 그때 내 눈에 띈 건 김연수 작가의 이런 문장이었다. "어둠을 똑바로 바라보지 않으면 그 어둠에서 벗어날 수 없다는 것, 제 몸으로 어둠을 지나오지 않으면 그 어둠에서 벗어날 수 없다는 것." 이 말을 읽으며 내가 무엇 때문에 괴로운지, 어떤 어두움을 가지고 있는지 직면해야겠다고 결심했다.

문학평론가 신형철의 《정확한 사랑의 실험》에 나오는 "정확하게 표현되지 못한 진실은 아프다고 말하지 못하지만, 정확하게 사랑받지 못하는 사람은 고통을 느낀다"라는 문장을 보며 내가 느끼는 고통과 아픔과 기쁨을 정확하게 쓰고 싶어졌다. 프란츠 파농의 "언어를 소유한 인간은 그 언어가 현상하고 내포하는 세계를 궁극적으로 소유한다. 이러한 인식을 통해서 우리가 도달하게 되는 소박한 진실은, 언어를 정복하면 말할 수 있는 힘을 선사받게 된다는 사실이다"라는 문장을 읽으며 나를 설명하고 변화시킬 언어를 찾아 헤매기 시작했다. 여성학자 정희진은 이렇게 말한다. "상처의 치유는 문제를 덮어둠으로써 가능한 것이 아니라 문제를 들춰내어 자신의 경험을 새로운 시각으로 재해석하고 재발견함으로써 가능하다."

드디어 찾았다. 내가 원하는 것은, 나의 경험을 새로운 시각으로 재해석하고 재발견하는 일이었음을 그제야 깨달았다. 그리고 내 삶의 고민과 의문과 바람을 설명해줄 언어가 '페미니즘'에 있음을 직감했다. 나는 이 문장을 읽어버렸고 이제 이것을 내 이야기로 고쳐 읽을 수밖에 없다. 그리고 고쳐 읽으면 고쳐 쓰지 않을 수 없다. "읽어버린 이상 고쳐 읽지 않으면 안 됩니다. 고쳐 읽은 이상 고쳐 쓰지 않으면 안 됩니다. 그것만이 혁명의 본체이기 때문입니다."라는 사사키 아타루의 말대로 그것만이 '혁명의 본체'이기 때문이다.

그날 이후 꼬박 만 3년 동안 페미니즘 책을 읽었다. 인문학 독서 모임에서 만난 친구들과 함께 '페미니즘 독서 모임'을 꾸렸고, 이후 서울대학교 대학원 여성학 협동 과정에서 특별수강생으로 한 학기 동안 공부했다. 이후 페미니즘에 대해 제대로 배워보고 싶어 이화여대 여성학과 석사 과정에 진학했다. 나는 너무나 목말랐던 것일까. 그렇게 몇 년 동안 '하얀 표면에 반짝반짝 검게 빛나 보이는' 문장을 찾아 책들 사이를 유랑했다. 그리고 이 책은 그 목마름을 해결하고 싶어 유랑하던 책들 중 읽어버렸고, 다시 읽을 수밖에 없었고, 내 이야기로 쓸 수밖에 없었던 책들에 관한 이야기이다.

그렇다고 해서 이 책이 페미니즘의 사상적 발전의 흐름을 보여준다거나 주요 주제들을 묶어서 엮은 것은 아니다. 아직 석사 과정을 마치지 못한 내가 파편적인 지식을 전하면 어쩌나 두렵기도 하다. 그러나 달리 생각해보면 모든 지식은 파편적이다. 모든 인간의 경험이 그렇듯 내 경험 또한 특수하고 제한적이다. 많은 것을 이야기하고 싶다는 욕심을 버리고 그저 아내이자 엄마, 평범한 생활인으로서 나의 맥락 안에서 이해한 페미니즘에 대해 쓰고자 했다. 즉, 이 책은 페미니즘에 관한 여러 문장들을 나의 콘텍스트 안에 위치시키면서 엮은 아주 사적인 독서일기인 셈이다. 아주 사적인 독서일기라고 하긴 했지만 이 글을 쓰는 과정에서 수많은 학우와의 토론 그리고 교수님의 가르침이 있었다. 그 모든 것이 이 책의 거름이 되었고 바탕이 되었다. 모든 분께 일일이 감사드리지 못함이 송구스럽다.

부족함에도 불구하고 책을 내야겠다고 용기를 낸 이유가 있다. 예전의 나처럼, 페미니즘에 대해 궁금해하고 알고 싶어 하는 많은 분의 직간접적인 피드백이 있었기 때문이다. 여성학을 공부한다고 하자 20대부터 50대까지 다양한 분들이 호기심을 보였다. 본인도 관심은 있지만 너무 어렵고 낯설고, 어디서부터 어떻게 시작해야 할지 몰라서 포기했다고 고백했다. 그래서 이 책이 페미니즘을 공부하고 싶지만 어떻게 접근해야 할지 모르는 독자들에게 나의 지도를 건네주는 책이 되었으면 한다. 제도권 교육이 아니더라도 충분히 스스로 배울 수 있도록, 개인적으로 가장 큰 깨달음을 주었던 책들과 독자들이 쉽게 찾아서 읽을 수 있는 단행본을 중심으로 엮었다. 이 책을 읽고 부디 여러분 스스로가 자신만의 지도를 만들 수 있기를.

처음 공부를 시작할 때 그런 생각을 했었다. 페미니즘 공부를 한다고 무엇이 얼마나 달라질까? 1년 혹은 2년의 공부를 마치고 도달하게 될 곳은 어디일까? 그곳은 어쩌면 지금 내가 서 있는 곳과 같은 곳일지도 모른다. 그걸 모르고 시작한 건 아니다. 그렇지만, 그럼에도 불구하고 가능성에 걸고 싶었다. 배우고 고민하고 아파하고 이겨내면서 도착한 곳이 비록 처음에 서 있던 곳과 같아 보일지라도 결코 같은 곳이 아닐 거라는 그 일말의 가능성. 그 가능성을 생각하며 2년 전 나는 낯선 대학의 캠퍼스에 한없이 낯설게 서 있었다.

2.
페미니즘
고전을
다시 읽다

3.
페미니즘의
틀로
나를 보다

1.

도대체 페미니즘이 뭐길래

나는 왜 읽는가

《빨래하는 페미니즘》,《나의 페미니즘 공부법》

"사유는 어떻게 시작하나요?"《처음 읽는 프랑스 현대철학》에 등장하는 대담에서 방송인 필립 네모가 이렇게 묻는다. 철학자 레비나스는 대답한다. "이별을 겪을 때, 폭력적인 장면을 목격했을 때, 시간의 단조로움을 갑작스럽게 의식하게 되었을 때." 덧붙여 그는 그 충격적 상처가 아물지 않고 앞이 보이지 않는 암중모색의 시간이 하나의 사유거리가 되기도 하는데 그것은 바로 독서를 통해서 가능하다고 말한다. 레비나스의 철학적 사유가 히틀러 치하의 홀로코스트에서 시작되었다는 것을 생각한다면, 그의 말에 저절로 고개를 끄덕이게 된다. 그렇다면 홀로코스트 같은 비극적 경험도, 크게 내세울 만한 대단한 상처도 없는 내가 언제부터 페미니즘에 대한 사유를 시작하게 되었을까? 꼽아보자면 세 번 정도의 시간이 있었던 것 같다. 첫 번째는 아이가 태어났을 때, 두 번째는 3년 간 전업주부로 지내던 때, 세 번째는 사업체를 차린 지 5~6년 차가 되었을 무렵이었다.

그렇다고 해서 일상을 뒤흔들 만한 특별한 사건이 있었던 것은 아니다. 회사를 운영하고 아이를 돌보고 식사 준비와 청소를 하고, 남편은 나를 잘 '도와주는' 그런 시절이었다. 어쩌면 특별한 일이 없었던 게 더 문제였을지도 모르겠다. 꾸역꾸역 하루의 할 일을 해치워가는 사이 나의 체력도 인내심도 임계점을 넘어버렸다. 그러자 마치 시소처럼 내 안의 배려와 관용과 이해심도 동시에 바닥을 치기 시작했다. 돌아보면 그때의 나는 툭하면 화를 냈고 화를 내지 않을 때는 짜증을 내고 있었다. 그렇게 하루에도 몇 번씩 내 바닥을 확인할 때면 황인숙 시인의 〈강〉이라는 시를 떠올리곤 했다.

강

황인숙

당신이 얼마나 외로운지, 얼마나 괴로운지
미쳐버리고 싶은지 미쳐지지 않는지
나한테 토로하지 말라
심장의 벌레에 대해 옷장의 나방에 대해

도대체 페미니즘이 뭐길래

찬장의 거미줄에 대해 터지는 복장에 대해
나한테 침도 피도 튀기지 말라
인생의 어깃장에 대해 저미는 애간장에 대해
빠개질 것 같은 머리에 대해 치사함에 대해
웃겼고, 웃기고, 웃길 몰골에 대해
차라리 강에 가서 말하라
당신이 직접
강에 가서 말하란 말이다

강가에서는 우리
눈도 마주치지 말자

남편에게 소리쳤다. 내가 얼마나 힘든 줄 아느냐고, 왜 이런 괴로움을 나 혼자 감당해야 하느냐고. 남편은 나를 물끄러미 쳐다보고는 이렇게 말했다. "어디 여행이라도 다녀와." 나는 그렇게 받아들였다. 차라리 강에 가서 말하라고. 당신이 직접 강에 가서 말하라고. 그래, 아무하고 눈도 마주치지 않을 강가에 갔다고 치자. 그럼 나는 무엇을 말할 것인가. 무엇을 말하고 싶은가. 내가 얼마나 외로운지 괴로운지 미쳐버리고 싶은지, 그럼에도 불구하고 왜 미쳐지지 않는지 말하고 싶었던 것은 아니다. 나는 그저 내가 '왜' 이렇게 힘든지 알고 싶었다. 힘든 것을 말하는 것이 '왜' 치사한 것처럼 느껴지는지, '왜' 인생이 자꾸만 어깃장을 놓는 것 같은지 알고 싶었다. 이유를 알면 바꿀 수 있지 않을까? 무언가 달라지지 않을까? 아니, 달라지지 않더라도 이유라도 알면 이렇게 답답하진 않을 것 같았다. 하지만 나에겐 강이 없으니, 책을 읽을 수밖에.

《빨래하는 페미니즘》의 저자 스테퍼니 스탈은 유력 언론사에서 기자로 일하며 남부러울 것 없는 사회생활을 영위하고 있었다. 하지만 임신과 출산을 겪으면서 생각지도 못했던 인생의 곤궁함에 빠진다. 시끌벅적한 뉴욕 한복판에서 한적한 교외의 단독주택으로 집을 옮겼지만, 그때까지만 해도 '프리랜서 기자로 충분히 일할 수 있어'라고 스스로를 위안한다. 하지만 그녀의 희망사항은 곧 산산조각이 나고 만다. 점차 아이 기저귀 갈기에 최적화되고 아이 울음소리에만 촉각이 곤두서는 자신을 발견하게 된 것이다. 가는 곳이라고는 유치원과 마트뿐이고 남편에게 징징거리는 것은 물론, 아이에게 쉴 새 없이 잔소리를 늘어놓는 자신을 깨닫고 그녀는 당황스러워한다.

자기도 모르게 꿈꾸던 삶으로부터 멀어져 버린 그녀는, '여성'이라는 존재의 지위를 새삼 자각하기에 이른다. "어째서 여성만이 육아와 가사에 더 얽매여야 하는가?" 이 질문을 가슴에 품은 스탈은 자신의 모교로 돌아가 '페미니즘 고전 읽기' 수업을 2년간 청강하고,《빨래하는 페미니즘》이라는 책을 쓰기 시작한다. 그녀는 수업을 통해 자신의 길을 찾았다고 했다. 그리고 어쩌면…… 어쩌면 나 역시 그럴 수 있지 않을까? 나는 나를 대변할 언어를 원하고 그 것으로 내 삶이 달라지길 원한다.

여기 또 다른 이유로 페미니즘 공부를 시작한 사람이 있다. 《나의 페미니즘 공부법》의 저자이자 일본의 간사이 지역에서 활동하는 방송인 하루카 요코이다. 그녀는 "연예계에서 납득이 가지 않는 일, 이해할 수 없는 일에 대해 모른 척 넘어가는 일이 많았다"며, 차별적 언사와 성희롱이 너무나 당연하게 일어나는 연예계 현실에 '제대로' 맞서기 위해 우에노 지즈코의 페미니즘 수업을 듣겠다고 결심한다. "그래도 여성 차별이 많이 사라지고 있잖아?", "너 너무 예민하게 구는 거 아니야?", "뭐니 뭐니 해도 여자는 외모가 중요하지.", "여자는 결혼만 잘하면 되는 거야." 어쩌면 그녀는 이런 말들을 상습적으로 들으면서 상상했을지도 모른다. 말로 상대의 멱살을 잡아 흔들고 논리로 패대기를 치는 자신의 모습을 말이다. 일본에서 가장 무서운 여자라고 불리는 우에노 교수를 찾아간 그녀는 왜 왔느냐는 질문에 "싸움에서 이기고 싶어서" 라고 대답한다.

그런 그녀에게 우에노 교수는 말한다. "상대방을 때려눕히려고 하면 안 돼요. 상대방을 갖고 놀면 승패는 저절로 정해져요. 그 이상으로 무리할 필요도, 이유도 없어요."

그런데 상대방을 어떻게 갖고 논단 말인가? 우리가 어린애도 아닌데 심술이나 우월감 따위로 놀 수도 없고, 돈이나 권력도 무기가 될 수 없다(그게 무기가 될 수 있었다면 우에노 교수를 찾아가지도 않았겠지). 그녀는 논리를 원했고 지식을 원했다.

《빨래하는 페미니즘》과 《나의 페미니즘 공부법》을 읽으면서 깜짝 놀랐다. 시대와 장소를 초월해 나와 비슷한 생각을 하고 있는 사람이 이렇게나 많았다는 게 신기했다. 그런데 왜 내 주변에는 이런 사람이 없었을까? 결혼하고 아이를 키우며 무시로 찾아오는 혼란과 죄책감, 위화감과 억울함을 주변에 털어놓아보기도 했지만 그때마다 돌아오는 대답은 한결같았다. "다들 그렇게 살아. 예민하게 굴지 마." 나는 번번이 할 말을 잃었고, 점차 그런 감정을 이야기하는 것조차 그만두게 되었다. 나는 내가 이상한 줄만 알았다. 이렇게 아무에게도 이해받지도 인정받지도 못하다가 어느 순간 미쳐버릴 수도 있겠다고 생각했다. 그런데 이 책들을 보니 세상에 나같이 '여성'의 자리가 버거워 괴로운 사람들이 많은 게 아닌가? 게다가 그 문제의식이 지금의 나와 크게 다르지도 않다니!

그 놀라움은 곧 두 번째 깨달음으로 이어졌다. 왜 나는 나와 비슷한 고민을 한 사람들의 이야기를 이제까지 몰랐을까? 여성의 문제를 다룬 페미니즘 책이 이렇게나 많았는데 나는 그런 책이 있다는 사실조차 잘 모르고 있었다. 지금으로부터 30년 전의 미국 중산층 백인 여성, 20년 전의 일본 연예인, 지금 여기 대한민국 서울에 있는 나. 모두 비슷한 문제의식을 갖고 비슷한 상황을 반복하며 비슷하게 괴로워하고 있다. 그에 관련된 논의들 역시 이미 몇백 년 전부터 숱하게 있었다. 그런데 어떻게 나는 이제까지 까맣게 모르고 살 수 있었을까?

이 두 저자들은 자신의 삶 속 문제를 타개하기 위해 '공부'를 택한다. 그렇기에 이 이야기들은 결국 삶을 바꿔보려는 발버둥에 관한 이야기이자, 공부에 관한 이야기이기도 하다. 이 두 가지 주제는 결국, 앎이 삶을 어떻게 바꿀 수 있는지에 대한 질문과 맞닿는다. 배운다는 것은 무엇이고 지식은 무엇인지, 지식이 그 삶을 어떻게 바꾸는지, 앎은 어떻게 삶의 도구가 되는지에 관한 생생한 체험 보고서인 것이다.

《나의 페미니즘 공부법》의 저자 하루카 요코는 5년 치 문헌을 한꺼번에 읽고, 남들이 한 번 읽을 시간에 세 번을 읽고, 3년 동안 자정부터 새벽 여섯 시까지 쉬지 않고 책을 읽었다. 그러다 얼굴 근육이 마비되는 일을 겪기도 했다. 그토록 치열하게 공부하면서 그녀는 결국 무엇을 알게 되었을까? 그녀는 뭐가 뭔지 더 알 수 없게 되어버렸다고 말한다. 한 술 더 떠 그녀의 스승 우에노는 그거면 됐다고 이야기한다. 그거면 됐다고? 얼굴이 저릴 정도로 지쳐

쓰러질 때까지 읽고 쓴 결과, 뭐가 뭔지 알 수 없게 되어버렸는데 그거면 됐다니? 그런데 잘 싸우고 싶어서 페미니즘을 공부한 그녀는 오히려 잘 싸우지 않게 되더라고 말한다.

> "정확히 말하자면 아직 답은 모르지만, 사람들이 하는 말과 행동의 이유를 수많은 문헌에서 배우고 있다. 나는 그 문헌들에 나오는 질문과 답의 수만큼 사람들과 싸움하고 있었다는 얘기가 된다. 만약 공부할 기회를 얻지 못했다면 아직도 정답을 찾으면서 사람들에게 싸우는 모습을 팔았을 것이다. 정답의 힌트는 오늘을 살아가는 사람들이 아니라 앞선 이들의 피땀 어린 글에 있었다."
>
> _《나의 페미니즘 공부법》(p.209)

수없이 많은 다양한 관점들에 대해 알게 되면서 오히려 타인을 더 이해하게 되고 덜 싸우게 됐다는 말이다. 인식의 확장이라는 게 이런 것 아닐까? 더 커진 사유의 틀로 보면 기존에 내가 가지고 있던 고민이 더 큰 맥락 안에서 다른 방식으로 풀린다는 걸 깨닫게 된다. 그 깨달음은 거저 얻은 게 아니다. 역사와 경제, 언어학과 사회학, 페미니즘에 대한 수많은 문헌을 읽어나가면서 배우게 된다. 비록 정답은 없지만 끊임없이 의심해야 한다는 사실을 말이다.

"어머니가 되고 나서야 페미니즘의 이상향을 현실에 접목시키는 것이 얼마나 어려운 일인지 절감했다. 하지만 그렇다고 페미니즘을 저버릴 수도 없었다. 온 힘을 다해 개인적 영역과 정치적 영역을 내 나름대로 구체화하고 싶었다. (……) 잃어버린 여성으로서의 삶을 찾기 위해 이 책을 쓰기 시작했고, 결국 나 자신을 찾았다."

_《빨래하는 페미니즘》(p.20~21)

그녀가 찾았다는 깨달음은 무엇이었을까? 나는 그것이 "내가 얼마나 자주 스스로의 욕구를 '이기적'이라고 치부해버렸지? 이 깨달음은 충격적이었다"와 같은 것이었다고 생각한다. 자신이 원하는 것을 이기적이라 여기고, 자신이 무엇을 하고 싶은지 애써 들으려 하지 않으며, 엄마와 아내라는 역할에 자신을 일치시키는 동안 무수히 잃어버린 것들. 그리고 어느새 외면하게 된 나의 진짜 모습들. 그녀가 나 자신을 찾았다는 것은 자신이 무엇을 원하는지 알게 되었다는 의미일지도 모른다.

자신이 원하는 것이 무엇인지 깨닫기 위해서는 우선 자신이 무엇을 알고 무엇을 모르는지 알아야 한다. 지성이란 먼저 지성 자체의 한계를 확인하는 힘이다. 언어는 자신이 무엇을 말할 수 있고 무엇을 말할 수 없는지 구별할 수 있는 한계에 근접했을 때 처음으로 그 힘을 발휘한다. 자신이 모른다는 사실조차 몰랐음을 알게 될 때, 우리의 사유는 그 지평을 넓혀간다.

두 책의 작가는 공부를 통해 자신이 무엇을 알고 무엇을 모르는지 깨닫게 되었고, 그 한계의 선을 발견하게 되었다. 그리고 다시 원점으로 다다른다. 원점이라고 하지만 처음의 그곳은 아니다. 3년간 5년 치의 문헌을 모조리 읽고 혹은 2년간 페미니즘 고전을 따라 읽고 수없이 토론하고 배우고 깨달은 후의 원점이다. 그 원점에서 그들은 결국 공부란 '감동'이라는 것을 깨닫고, 그 감동을 통해 삶을 바꿀 수 있음을 절감한다.

　나는 그들이 결국 자신의 삶을 바꾸기 위해 페미니즘 공부를 이용했다고 생각한다. 삶을 바꾸기 위한 도구로 앎을 찾은 것이다. 나도 페미니즘을 이용하고 싶다. 그 언어에 빗져서 삶을 해석하고 싶고 길을 찾고 싶다. 말할 수 있는 부분과 가슴의 통증으로만 느껴지는 부분에 대해 더 정확하게 알고 그 간극을 제대로 언어화하고 싶다. 그것을 말하기 위해, 나는 오늘도 읽는다.

나에게 식자우환은 정희진의 책을 읽는 것이다

《아주 친밀한 폭력》, 《정희진처럼 읽기》

유시민의 《청춘의 독서》를 보면 이런 이야기가 나온다. 그는 에드워드 핼린카의 《역사란 무엇인가》를 여섯 번이나 읽었는데 읽는 내내 불안에 떨었다고 한다. 이 책에 가슴 깊이 동의하게 되면 '인생의 폭풍우 속을 항해하는 작은 조각배'가 될지도 모른다는 느낌적인 느낌 때문이었단다. 아니나 다를까. 그 책을 읽고 몇 달 지나지 않아 그는 데모대의 끝에 어색하게 서 있는 자신을 발견했다며 이렇게 고백한다. "식자우환(識字憂患)이란 바로 이런 경우를 두고 하는 말이다." 나의 경우, 식자우환이란 바로 정희진을 읽는 것이다. 나는 정희진의 책을 읽다가 마흔이 넘은 나이에 어색하게 여성학과 대학원에 다니고 있는 나를 발견했다.

그녀가 쓴《아주 친밀한 폭력》은 '아내 폭력'을 여성주의 시선으로 읽어 내려간 책이다. 한국 여성`대부분은 평생에 한두 번 이상 배우자나 연인으로부터(아주 사소하든 그렇지 않든) 폭력을 경험한다고 한다. 그중 무려 절반 이상이 반복적, 규칙적, 일상적으로 폭력을 당하고 있지만 대부분이 '집안일', '남의 가정사', '부부싸움은 칼로 물 베기'라는 이름으로 묻히고 만다.

그렇다면 가정 폭력은 왜 문제가 될까? 가정 폭력에 대한 현대 한국 사회의 일반적인 통념은 크게 두 가지 정도인 것 같다. 첫째, 폭력으로 가정이 파탄 나기 때문에 나쁘다는 거다. 그렇다면 폭력으로 가정이 파탄 나지 않고 '즐거운 우리 집'으로 제대로 기능한다면(폭력이 있는 집이 어떻게 즐거운 우리 집이 될 수 있을지는 잘 모르겠지만) 그 속에서 폭력과 착취와 억압이 이루어져도 괜찮다는 것일까? 두 번째, 가정 폭력은 아동의 인권을 침해하는 일이고, 이 아동이 자라 또다시 폭력을 행하는, 이른바 폭력의 세습 때문에 근절되어야 한다고 말한다. 물론 이 말은 옳다. 하지만 이 논리에 따른다면 아동 모르게 일어나는 폭력은 괜찮다는 말인가? 아이에게는 한없이 자상한 아빠이고 회사에서는 좋은 동료이자 모범적인 시민인 남편이 아내에 한정해서만 폭력을 행사한다면? 그건 아내가 '맞을 짓'을 했기 때문에 벌어진 일인가? 아내 한 명만 참으면 평화롭고 행복한 우리 집이 되는가?

현대 사회에서 성인이자 개인적 주체로 기능하던 남성과 여성은 '결혼'이라는 가족 제도를 통해 '남편'과 '아내'가 된다. 이 성 역할 지위에 맞추어 성 역할 규범에 맞는 활동과 노동을 수행할 때 아내 폭력이 발생한다. 대부분의 폭력 가정에서 아내는 자신이 맞을 짓을 했기 때문에 당했다고 말하고, 남편은 아내의 맞을 짓을 바로잡기 위해 폭력을 행사했다고 말한다. 그들이 말하는 이른바 맞을 짓은 이런 것들이다. 남편에게 밥상을 차려주지 않거나, 남편의 말에 말대꾸를 하거나, 남편이 밤늦게 들어왔는데 잠을 자고 있는 것 등등. 이런 맞을 짓은 인간(여성)이 아내가 될 때만 의미를 지니게 된다. 사소한 손찌검에서부터 범죄에 이르는 단적인 가정 폭력이 공통적으로 기반하고 있는 것은 아내(혹은 남편)의 '성 역할' 규범이다. 이 책은 가정 폭력을 일탈적인 남성 개인의 문제가 아니라 성 역할이라는 중립적이고 기능적인 단어 속에 감추어진 가부장제의 규범에서 비롯된 사회 문제라고 해석한다.

가족이 파탄 나는 것을 막고, 어린아이들을 보호하기 위해 폭력이 사라져야 한다는, 즉 가족의 기능과 역할을 바로잡는 것이 우선시되어야 한다는 관점만으로는 이 문제를 해결하기 어렵다. 아내 폭력 문제는 이미 가족의 기능과 역할 속에 내재되어 있는 동력이기 때문이다. '정상 가족' 이데올로기와 성 역할 규범이 공고한 우리 사회에서 아내의 모든 역할은 그것을 하지 않았을 때 맞을 짓으로 규정되고, 이때 아내를 훈육하는 것은 남편의 역할 규범이자 남성성을 과시하기 위한 도구가 된다. 그 안에서 가족은 정상적으로 잘 유지되는 것처럼 보인다. 이에 정희진은 이렇게 말한다. "아내 폭력에 대한 질문은 '(안 때릴 수도 있는데) 왜 때리는가' 보다는 '아내를 때릴 수 있는 권력은 어디에서 나오는가'로 전환되어야 한다."

　그렇다면 맞을 짓을 규정하고, 때릴 수 있는 그 권력은 과연 어디에서 나오는 것일까? 그것은 가부장제라는 우리 사회를 구성하고 지배하는 '젠더 체계(gender system)'에서 나온다. 가부장제 사회에서 '행복한 우리 집'과 같은 가족의 결속이 강조될수록 아내 폭력은 사회적 관심사에서 사라져버린다. 행복한 우리 집을 만들기 위해 누군가는 매일 폭력의 희생양이 되지만 결코 발설하지 않고, 누군가는 억압당하지만 '배려'라고 표현하며, 누군가는 착취당하면서 그것을 '사랑'이라고 이야기한다. 즉, 아내 폭력 자체가 정상 가족과 성별 권력 관계 안에 숨겨져 있는 '정상적' 기제 방식인 것이다. 여기에 대해서도 정희진은 이렇게 이야기한다. "여성 폭력은 성별 권력 관계의 일환으로 시대와 문화에 따라 각기 다른 형태로 나타나지만, 그 본질은 모두 가부장제의 보편적인 여성 통제라는 점에서 같다."

　페미니즘을 공부하기 몇 년 전 일이다. 친했던 후배에게 간만에 전화가 왔다. 안부를 물을 새도 없이 그녀는 울기 시작했다. 사연은 이랬다. 남편의 회사와 집이 멀어 남편 혼자 회사 근처에 방을 구해 살고 있었단다. 그런데 어느 날 그 집에 찾아갔더니 글쎄 다른 여성과 살림을 차린 게 아닌가. 남편은 이성을 잃고 화내는 후배를 그 여성이 보는 앞에서 때리고 말았다. 그런데도 후배는 이혼이 망설여진다고 했다. 막상 이혼하려고 보니 먹고살 길이 막막하다면서 말이다. 그녀는 급기야 이렇게 말했다. "내가 매력이 없어서 그런 거야. 아줌마가 되어 뚱뚱해졌으니 다른 데로 눈을 돌리는 것도 당연해."

한참을 소리 내 울던 후배가 대뜸 나에게 물었다. "언니가 나라면 어떻게 할 것 같아?" 이성을 잃고 흥분하던 나도 그 말에 말문이 막혔다. "당장 이혼해버려!"라고도, "다들 그렇게 살더라"라고도, 하다못해 "너도 다른 남자 만나" 혹은 "너도 때려"라고도 말하지 못했다. 내가 한 말이라고는, 남편이 잘못한 행동들의 증거를 모으고, 돈을 벌 수 있는 일을 시작하라고 했을 뿐.

그 이후로도 한두 다리 건너 건너 후배와 다르지만 결국은 비슷한 이야기들을 듣고는 한다. 남편이라는 상수에 폭력과 돈과 여자라는 변수의 방정식으로 엮여 있는 드라마보다 더 드라마 같은 현실의 이야기들 말이다.

여기서 묻지 않을 수 없다. '정상 가족'이란 무엇인가? 아무리 온화하게 표현한다 하더라도 성차별주의, 이성애주의, 그 외의 가부장적인 지배 기준을 가진 어떤 가족의 형태만을 기능적이고 건

강하다고 보는 것이 과연 정상적인가? 그 안에서 왜 어떤 사람은 고통받아야 하는가? 이때 가족은 그저 사적인 기능적 단위 체계인가, 아니면 역사와 사회와 문화가 만나는 하나의 형상적 사건이자 치열한 정치의 장인가?

여기까지 생각하고 나면 나는 어쩔 수 없이 피곤해지고 만다. 지금 대한민국 사회에서 폭력과 섹슈얼리티의 문제는 결혼 여부를 떠나 모든 여성에게 발생 가능한 '일상'이다. 그 보편적 폭력이 지속되는 한 폭력의 원인을 안다고 해서 무엇이 달라질지 의심스럽다. 여전히 지속되는 가부장제 사회의 이른바 정상 가족 구성원인 내가 이런 차별과 착취를 이야기할 자격은 있는지, 그것조차 가부장제 부역자의 인식론적 자기만족은 아닌지, 성 역할 분리에 포함되어 있는 차별과 착취를 알고 난 이후에도 지금의 성 역할 규범을 계속 유지할 수 있을지, 그것을 유지할 수 없을 때 우리 가족은 분열되지 않을 수 있을지, 지금의 평화(처럼 보이는 것)가 깨지지는 않을지 고민스럽다. 내가 지키고자 하는 가정이 이토록 문제가 많다는 사실을 알아가는 게 피곤하고, 그만큼 가정이라는 기반이 취약하다는 현실을 인정하고 싶지 않다.

다행히 나의 남편은 내 말을 잘 들어주고 폭력과도 거리가 먼 사람이니 운이 좋다고 생각하며 이 모든 상황을 모른 체하는 게 나를 위해 더 나을지도 모른다는 생각도 든다. 가정 폭력을 겪는 이들에 비하면 나의 고통은 너무 작고 하찮으니 그냥 남들처럼 참고 사는 게 행복 아닐까. 이런 생각을 하면 할수록 정희진의 글을 읽는 것은 힘겨워진다. 그의 글을 읽을수록 나의 지식과 생각과 가치관의 지평이 넓어지는 것을 느끼면서도, 동시에 내가 알고 있는 지식과 상식과 세계관이 통째로 전복되는 혼란에 시달린다. 그 글을 소화시켜 내 것으로 취하게 되면, 대한민국에서 일상적으로 일어나는 수많은 젠더 문제와 성 역할 문제, 억압과 차별과 착취에 대해 지금처럼 가만히 있을 수 있을까, 두렵다.

지식이 일상을 바꾸고, 그것이 곧 돌이킬 수 없는 삶의 변화를 맞이하게 될 때 나는 무엇을 할 수 있을까. 젠더가 일상을 재단하고 삶의 형태를 규정짓는 사회에서 그 재단선과 경계선을 일일이 의식하는 순간 과연 마음 편하고 평범한 삶을 살 수 있을까. 그렇다고 지식을 외면하고 일상을 유지하는 것만이 내가 할 수 있는 일일까. 나는 나의 모든 것을 엄마, 아내, 여성으로만 위치시키는 이 사회가 지긋지긋해서 페미니즘 공부를 시작했건만, 한편으로 그 지긋지긋함에 내 몸을 맞춰가고 있었을지도 모른다. 여전히 가부장제의 가치관 속에서 내가 어떻게 보일지 신경 쓰고 그 검열 조건에 나를 재단하고 있으니 말이다. 나는 페미니즘의 관점은 갖고 싶지만, 페미니스트로 살기는 두려운 것이다.

《정희진처럼 읽기》를 보면, 저자의 주변에는 '지적이고 싶지

만 잃는 것은 없었으면 하는' 나 같은 사람들이 많았나 보다. 그녀
는 프란츠 파농의 이야기를 인용하며 이렇게 말한다.

"정신과 의사였던 프란츠 파농은 '직장을 잃지 않으면서 죄책감
없이 고문하는 방법'을 알려 달라는, 알제리 독립군을 고문하는
프랑스 경찰을 상담했다. 그들은 이를테면, 지적이고 싶지만 잃
는 것은 없었으면 하는, 내가 자주 만나는 유형으로는 페미니즘
관점이 주는 힘과 다양한 지식은 갖추고 싶지만 세상과 갈등은
피하면서 기득권은 간직하고 싶은 사람들이다. 다행스러운 것은
이런 식의 앎은 불가능하다는 사실이다. 평화 혹은 민주주의를
추구한다는 것은 '얼룩진' 옷을 벗지 않는 상태를 의미한다. 소외
를 일상으로 받아들이는 것."

_《정희진처럼 읽기》 (p.88)

지적이고 싶지만 잃는 것은 없었으면 하는, 내가 원하는 그런
지식은 결코 없다. 자신이 약자라는 것을 알고 있지만 외면하고
지배자의 언어를 쓰는 것은 전형적인 식민지 주체성일지도 모른
다. 자기 위치에 대한 정치적 자각 없이 지배자의 위치를 자기 위
치로 내면화하는 것, 그것이 자기기만이 아니면 무엇이겠는가. 그
렇다면 나는? 약자의 삶을 내면화하면서 얻는 인식론적 자원은
부러워하지만, 그 삶을 원하지 않는 나는?

정희진은 가족을 유지하기 위해 아내 폭력을 해결해야 한다는 통념에 이렇게 일갈한다.

"그런데 조금 생각을 뒤집어보면 가족은 무조건 소중하다는 생각, 혹은 어떤 일이 있어도 가족은 해체되면 안 된다는 가족 유지 이데올로기 때문에 그토록 극심한 폭력으로도 가족이 빨리 파괴되지 않는 것이 실은 더 큰 문제라는 것을 알 수 있다. (⋯⋯) '어떤 대가를 지불하더라도 현재의 가족은 지속되어야 한다'는 사고 방식을 피해자, 가해자, 사회 모두가 공유하고 있는 한, 우리가 그토록 지켜야 하는 가족이 과연 누구를 위한 가족인가를 새롭게 질문하지 않는 한, 가정 폭력은 근절되기 힘들다."

_《아주 친밀한 폭력》 (p.31~32)

질문을 바꿔보자. 그렇다면 가족은 해체되면 안 되나? 그토록 극심한 폭력으로도 가족이 파괴되지 않는 것이 실은 더 큰 문제 아닌가? 이 문장은 작은 일상이 무너질까 두려워 페미니즘을 멀리하려던 내가 공부를 시작할 수 있는 통찰을 주기도 했다. 무언가를 자각하지 않고 배우지 않아야 유지될 수 있는 것이라면 그 유지에 무슨 의미가 있을까, 어쩌면 그것이 더욱 문제가 아닐까 생각하게 된 것이다. 그토록 중요하다고 하는 '가정의 평화'는 누구를 위한, 무엇을 위한 평화인가? 나의 삶이 무언가를 일부러 멀리해야만 유지할 수 있는 것이라면, 사실은 그것이 더 큰 문제 아닐까?

어쩌면 나는 짧게 생각했을지도 모른다. 지식은, 내가 생각하는 형태로 나를 압박하지 않을지도 모른다. 페미니즘을 공부하는 것은, 어쩌면 내가 예상한 것과 다른 방식으로 나의 삶을 바꿔줄지 모른다. 페미니즘을 통해 나의 이야기가 변화하기 시작하고, 그 변화의 내러티브를 써내려감으로써 나는 새로운 해석의 틀을 갖게 될지도 모른다. 가족의 취약성을 인식하는 것만으로 더 자유로운 가족의 모습을 상상해낼 수 있을지도 모른다. 세상의 무엇이 바뀔지 혹은 바뀌지 않을지 지금으로선 알 수 없다. 그렇지만 어쩌면 가장 중요한 것은, 무지로 지속 가능한 현실을 지속하는 것이 더욱 문제일지 모른다는 이 질문을 잊지 않는 것이리라.

여가가 있는 엄마를 찾습니다

《돈 잘 버는 여자 밥 잘하는 남자》,《타임 푸어》,《아내 가뭄》

"시간 부족이 나만의 문제일까? 다른 사람들은 나보다 집중력이 뛰어나고 정리를 잘해서 여유가 있을까? 다른 사람들은 시간을 요령 있게 활용해서 일도 훌륭히 해내고, 부모 역할도 잘하고, 빨래도 말끔히 개고, 풍부한 여가를 통해 행복을 느끼고 있단 말인가? 나는 SNS를 이용해 사람들에게 질문을 던졌다. "여가가 있는 엄마를 찾습니다." 나에게 돌아온 답변들은 대략 이런 식이었다. "그런 엄마를 찾으면 박물관에 보내는 게 좋겠어요. 유니콘, 인어, 그리고 비리를 저지르지 않는 정치인 옆에 세워둡시다."

_《타임 푸어》(p.18)

결혼 이후 '가사 노동'에 대한 문제를 한 번도 고민하지 않은

적이 없다. 눈코 뜰 새 없이 바쁜 와중에 간신히 짬을 내 《타임 푸어》와 《아내 가뭄》이라는 책을 읽었는데, 이 두 권의 책은 각각 2015년과 2016년에 출간되었음에도 불구하고 우리나라에서 2001년에 출간된 혹실드의 책 《돈 잘 버는 여자 밥 잘 하는 남자》속 내용과 크게 다르지 않은 상황이 펼쳐진다. 《돈 잘 버는 여자 밥 잘 하는 남자》는 1976년부터 1988년까지 맞벌이 부부 50쌍의 생활을 관찰해 기록한 것을 정리한 책이다. 즉, 지금으로부터 3~40년 이전의 사례를 가지고 분석한 책이라는 말이다.

왜 가사 노동과 관련한 이야기들은 시간이 흘러도 여전히 제자리일까? 1970년대부터 2019년 현재까지 공적 영역에 진출한 여성의 수는 기하급수적으로 늘어났지만 남성이 사적 영역에 진출한 사례는 극히 미약하다. 여성은 가사라는 무임금 노동을 계속했고 지금도 계속하고 있다. 결과적으로 여성만이 이중 노동, 2교대 근무 중이라는 현실은 달라지지 않았다. 40년 동안 달라진 것이 이렇게도 없다는 사실에 나는 절망했고 앞으로 100년쯤 지나야 달라질 것이라는 혹실드의 말에 또 한 번 절망했다.

혹실드는 그의 책에서 전통주의자로 자청하는 여성들을 쉽게 만드는 것은 '병'이라고 말한다. 시간 부족과 임금 노동, 무임금 노동의 지속적인 반복은 결국 몸을 축내고 앓아눕게 만든다. 앓아누운 그들은 몸이 회복되자마자 곱빼기 근무를 하다 결국 다시 드러눕는다. 《타임 푸어》의 저자인 브리짓 슐트는 시간이 왜 이렇게 모자라나 고민하다가 시간 전문가인 로빈슨에게 상담을 받는다. 로빈슨은 그녀에게 당신이 생각하는 여가 시간은 언제냐고 묻는다. 그녀는 잠시 생각하다 대답한다. "아픈 날이요."

아프기 전까지 꾸역꾸역 일하는 여자들 중에 《아내 가뭄》의 저자도 있다.

> "나는 아이들을 늘 볼 수 있는 셈인데, 심지어 죽어라 일하는 동안에도 가능하다. (……) 나는 아이들이 잘 때나 학교에 가 있을 때, 어린이집에 있을 때, 그도 아니면 베이비시터가 와 있는 동안 일을 꾸역꾸역 처리한다. 그리고 아이들이 잠자리에 들면 일을 다시 시작한다. 일하러 가는 중에도 일을 할 수 있게 버스를 탄다. 샤워도 아침에 하는 라디오 시사 프로그램인 AM 방송 시간에 맞추는데 시간을 낭비하지 않기 위해서다. 나는 이탈리아의 농부들이 돼지의 모든 부위를 사용하듯 1초도 허투루 보내지 않는다."
>
> _《아내 가뭄》(p.55)

이 책을 읽을 때 나는 마침 전자레인지를 돌리며 저녁 식사를 준비하고 있었다. 《아내 가뭄》 저자와 나의 일상은 크게 다르지 않다. 거래처와 전화 통화를 하는 중간중간 문자 메시지로는 아이들 방문 학습 선생님과 시간을 조정하고, 세금과 각종 고지서는 전철로 이동하는 시간에 처리한다. 내가 가장 싫어하는 것은 아이들이 어디에 처박아두었는지 모르는 학습지를 찾는 일이다. 아이가 숙제를 제대로 해놓지 않으면 선생님은 회사에 있는 나에게 전화를 걸어 "숙제 정도는 알아서 챙겨 달라"고 나무란다. 그렇게 세포 하나하나에 모두 할 일이 있고 그것들을 처리하면서 갈가리 찢기는 감각에 시달릴 때면 나도 모르게 눈물이 나오곤 했다. 가끔 말을 잘 들어주는 친구라도 만나면 정신줄 놓고 푸념하는 내 모습을 발견하기도 한다. 그런 날이면 내가 어찌나 초라해 보이던지. 《아내 가뭄》의 저자는 대한민국 맞벌이 부부의 가사 노동 시간을 비교하며 (남성은 40분, 여성은 3시간 14분이다) 이렇게 말한다. "한국에서 태어나지 않은 걸 다행이라 생각해야 하는 걸까?"

《타임 푸어》의 저자는 일과 가사, 휴식의 균형을 잡는 방법을 찾아 나선다. 그는 방대한 자료 조사와 기나긴 탐험 끝에 우리가 이다지도 바쁜 것은 '이상적인 노동자'와 '좋은 엄마'가 되어야 한다는 현대 사회의 높은 이상 때문이라고 말한다. 여유로운 삶을 사는 사람들의 비밀을 찾아 덴마크까지 날아간 그녀가 얻은 해결책은 이런 것들이다. 가사 노동은 조금 덜하고, 엄마 역할에서 완벽하고 싶다는 강박을 버리고, 육아에 남편을 적극적으로 참여시키고, 휴가를 즐기는 것. 여기까지 읽고는 나는 짜증을 내며 책을 덮어버렸다.

그녀가 보고 있지만 보지 않으려고 하는, 알고 있으면서 회피

하려고 하는 진실이 너무나 자명하게 보였기 때문이다. 그렇게 바쁜 와중에 이 책을 쓰느라 더욱더 동동거리며 일상의 저글링을 감당했을 그녀가 너무 안타까워 어깨라도 잡고 흔들면서 큰 소리로 외치고 싶었다. "당신이 그렇게 바쁘고 힘들고 괴로운 이유는 바로 당신이 '아내'이기 때문이라고요!" 그 말은 곧, 가사 노동의 책임자가 당신이고, 모든 문화가 당신에게 엄마 역할에서의 완벽함을 원하고, 모든 직장 문화가 남편을 육아에 참여시키지 않게 발달해왔으며, 당신은 절대 육아와 일을 동시에 완벽하게 할 수 없을 거라고 말이다. 아무리 가사 노동을 덜하고 완벽주의 성향을 버리고 남편이 육아에 참여한다고 해도 그녀는 절대 시간 부족에서 헤어날 수 없을 것이다. 그것은 지금의 가부장제 자본주의 사회 자체에 내재한 모순이기 때문이다.

그녀와 마찬가지로 능력 있고 일 잘하고 성실한 남자들은 결코 시간 부족에 대한 질문을 하지 않는다. 이유는 간단하다. 그들에게는 '아내'가 있기 때문이다. 아내가 있는 남편들은 밤 열두 시에 집에 돌아와 몇 시간 후 뉴욕으로 출장을 갈 수도 있다. 업무 시간에 유치원 선생님의 전화를 받는 것은 물론, 학원 선생님의 문자에 답을 할 일도 없다. 당연히 생일, 졸업, 입학, 크리스마스 등등 줄줄이 기다리고 있는 기념일에 맞추어 아이들 선물을 미리 준비하지 않아도 된다. 게다가 아내가 있다는 건 경제적 특혜이기도 하다. 집안일을 대신 처리해주는 것은 물론, 여러 통계에서는 '가정 있는 남자'라는 사실이 승진과 CEO 최종 발탁에 긍정적 기여를 했다고 밝힌다. 지난 50년간 일을 하는 여자의 비율은 현격히 높아졌지만, 여성은 가정에서 여전히 무급 노동을 하고 있으며, 남성은 아내의 역할을 맡으려 하지 않는다. 그리고 이는 워킹맘에게 큰 부담으로 다가온다. 아이를 키우며 일을 하는 여성은 '마치 직업이 없는 사람처럼 아이를 기르면서 아이가 없는 사람처럼 일해야 한다'는 압박에 시달린다. 이는 필연적으로 좌절감과 우울, 수치심으로 이어진다.

가부장제는 아내의 노동을 없는 것처럼 만든다. 그래서 가끔 가사 노동과 유급 노동을 동시에 하는 사람들조차 자신이 맡은 역할과 노동이 과중하다는 것을 깨닫지 못하고, '하지 않아도 되는 일을 너무 열심히 하는 것'인 양 취급한다. 《타임 푸어》 저자 역시 가사 노동에 대해, "여자가 남자들보다 매사에 너무 까다롭기 때문"이라는 말을 인용하며 가사 노동에 힘을 덜 들일 것을 요구한다. 그렇지만 아내가 가사 노동을 하는 이유는 세상에서 제일 깨끗하고 깔끔한 공간을 만들기 위해서가 아니다. 지속 가능한 일상을 유지하기 위해서는 노동이 필요한데 그 노동의 주체가 여성이고, 그것이 여성의 역할 규범이며, 그녀가 하지 않으면 아무도 하지 않기 때문이다. 그리고 아무도 하지 않으면 먹고 자고 씻고 옷 입고 살아가는 기본적인 생활이 유지되지 않는다.

만약 여성들이 남자들처럼 까다롭지 않게 가사 노동을 한다고 생각해보자. 아예 모든 것을 타인과 기계에 맡긴다고 가정하자. 많은 이들이 말하듯이 빨래는 세탁소에서, 청소는 가사 도우미가, 설거지는 식기 세척기가, 요리는 마트에서 즉석 요리를 사 먹는다고 치자. 그러면 신경 쓸 일이 사라지나? 가사 도우미를 섭외하고 일정을 조율하고 비용을 지불하고, 세탁소에 빨랫거리를 가지고 갔다가 날짜에 맞추어 가지고 오고, 만들어진 반찬을 사고, 찬거리 배달을 주문하고, 음식물 쓰레기를 버리고 분리수거를 하는 그 모든 것은 노동이 아닌가? 왜 여성이 저녁거리를 사는 것은 노동이 아니라 쇼핑이 되는 걸까?

《아내 가뭄》의 저자는 여자들이 가사 노동을 덜할 수 없는 건 남들의 시선 때문이라는 사실을 밝혀낸다. 가사 노동과 재생산 노동은 여성의 역할 규범 내 핵심에 위치하기 때문이다. 남성이 가사 일을 못하는 것은 유머로 보지만, 아내가 가사 일을 방치하는 것은 무책임, 무능력, 나아가 혐오로 인식된다. 남편이 육아에 적극 참여하지 않는 이유는, 생계부양자로서 시간이 없어서이기도 하지만 육아를 하는 것 자체가 남자들끼리만 사회적 관계를 맺는 그들의 세계에서 '여자들이나 하는 일'로 인식되어서다. 이는 남성이 육아 휴직을 쉽게 내지 못하는 직장 분위기와도 연결된다. 이런 사회에서 가사 노동은 모두가 필요하지만 누구도 하고 싶지 않은 일이 된다.

이 세 권의 책은 대안을 모색하는 방법도 비슷하다. 복지가 발달한 북유럽 국가에서 해결 방법을 찾아보는 것이다. 혹실드는 가족을 위한 '마셜 플랜(Marshall Plan)'이 필요하다며 스웨덴을 예로 든다. 스웨덴에서는 아기를 출산한 모든 맞벌이 부부가 12개월의 유급 육아 휴가를 받을 수 있는데, 휴가를 낸 부모에게 9개월 동안은 임금의 90%가, 이후 3개월 동안은 매달 300달러가 지급된다. 부모는 1년의 휴직 기간을 자신들의 처지에 따라 자유롭게 나눠 쓸 수 있다. 또한 8세 이하의 아이를 둔 부모는 하루 여섯 시간 근무할 수 있는 단축 근무 시스템을 보장하고 있다. 육아조합에서는 부모가 자녀의 학교를 방문하거나 자녀를 간병하느라 일을 못 했을 때 받지 못한 임금을 부모에게 지급한다.

대한민국의 워킹맘이라면 앞의 세 권에 나오는 모든 사례를 자신의 사례로 바꾸어 말할 수 있을 것이다. 워킹맘은 자신이 버는 돈의 대부분을 가사 노동과 육아 돌봄 서비스를 하는 다른 이를 고용하는 데 쓴다. 실제적인 '아내'의 역할을 대신할 사람을 찾을 수밖에 없는 거다. 그리고 그 피고용인은 누군가의 아내이자 또 한 명의 워킹맘인 경우가 대부분이다. 그들은 집 안에서는 무보수 노동, 집 밖에서는 저임금 노동으로 생활을 꾸려간다. 그 모습이 눈에 밟히면서도 나 또한 누군가에게 가사 노동을 아웃소싱

한다. 여성 문제는 이렇게 계급 문제가 된다. 이 거대한 불합리의 구조 안에서 자유로운 여자가 있을까?

워킹맘의 남편들도 고단하긴 마찬가지다. 우리나라의 노동 문화는 (많이 달라졌다고 하지만 여전히) 남성을 전일제 노동에 붙박이로 고정시키고 회사를 위해서만 살고 회사를 위해서만 전념하는 '회사 인간'이 되기를 원한다. 남성이 집안일을 하고 싶어도 현실적으로 시간이 없는 것이다. 또한 집안일은 여자 몫이라는 고정관념 역시 유효하다. '워킹맘'이라는 말은 있지만 '워킹대디'라는 말은 없고 '맞벌이'는 있지만 '맞돌봄'이라는 말은 들어본 적도 없다. 이런 단어가 없다는 것을 이상하다고 말하면 그 말하는 사람을 더 이상하게 본다.

가사 노동 문제는 개인이 풀기에는 너무나도 겹겹이 또 다른 문제에 둘러싸여 있다. 일상에서 우리는 여성의 일과 남성의 일이라는 고정관념, 누가 더 그 일에 능숙한가와 관련된 효율성, 그리고 그 시간에 누가 더 생산성이 높은가와 관련된 효과성을 따진다. 거기에 가족 문화와 전통, 성격과 환경의 문제까지 들먹거리면 '아이고, 그냥 내가 하는 게 속 편하지 뭐' 하고는 또 꾸역꾸역 하게 되는 거다.

나는 오늘도 고민한다. 반찬은 뭘 할지, 아이들이 학원에 늦게 가지는 않는지, 아이를 제시간에 픽업하려면 동선은 어떻게 짜야 하는지. 이 모든 일은 언제 끝날지, 끝이 있기나 한지. 그렇다고 '나도 아내가 있었으면 좋겠다'는 식으로 뭉뚱그려 퉁치고 싶지는 않다.《아내 가뭄》의 추천사에서 정희진이 이렇게 말했듯이 말이다.

> "남성이든 여성이든 상관없다. 자기가 먹은 밥그릇은 자기가 치우는 것이다. 자기가 입은 옷은 자기가 빨래하는 것이다. 이를 하지 않는 사람은 아직 '사람(개인) 미달'이다. 그러므로 '주부'나 '아내'는 정체성도, 직업도, 지위도 될 수 없다. '아내 가뭄'은 모두에게 아내가 필요하다는 이야기처럼 들리지만, 반대로 어느 누구도 '아내를 가질' 특권은 없다는 뜻이다."
>
> _《아내 가뭄》(p.13)

자신의 재생산을 위한 노동은 자신이 해야 한다. 자기 몫의 재생산을 위한 노동은 자신이 감당해야 한다는 이 당연한 말이 너무나 전복적으로 느껴지는 이유는, 우리가 지극히 당연하지 않은 세상에 살고 있어서일 것이다.

왜 명화에는
벗은 여자들이 많을까

《다른 방식으로 보기》

10여 년 전 프랑스로 배낭여행을 간 적이 있었다. '여기까지 왔는데 루브르 박물관을 안 들를 수 없지.' 루브르의 광활한 규모에 압도되어 무슨 그림이 있는지, 어떻게 봐야 할지도 모른 채 우왕좌왕하다가 이내 정신을 차렸다. 그러고는 유일하게 친숙한 바로 그 작품, 〈모나리자〉를 보기 위해 전력질주했다. 결국 〈모나리자〉를 보고서는 (더 정확히 말하자면, 수많은 이들의 머리 사이에서 〈모나리자〉가 그곳에 있다는 것을 확인하고) 돌아왔다. 나는 그때 좀 충격을 받았는데, 〈모나리자〉를 향해 가던 길에 있던 수많은 화랑의 그림들을 전혀 해석할 수 없다는 게 그 이유였다. 또 하나, 그 수많은 그림들 중 상당수가 여성의 누드화라는 사실에 당황했다. 어찌 보면 미술관의 화랑 하나하나가 거대한 여자 목욕탕이라고 느껴질 정도로 (직설적 표현을 용서하시길) 많은 여자들이 헐벗은 채, 풍만한 육체를 드러내고 있었다. 물론 당시에는 그들의 헐벗은 몸을 인식하는 나의 자세를 무지 탓으로 돌렸다. 중세 종교화의 시대를 지나 르네상스 그림들은 신화 이야기를 주제로 한 인문정신을 다루었고 '옷'이라는 것이 따지고 보면 문명의 산물인데 신들이 너무 갖춰 입는 것도 좀 어색한 거 아니냐며 애써 납득하려 했다. 또 (옷을 벗은 여자들의 수에 비해 월등히 적긴 하지만) 남자들도 건장한 몸을 자랑하고 있다고 위안하기도 했다. 그런데도 계속해서 의구심이 남았다. 여신이든 여성이든 여성 노예든 굳이 젖가슴을 보여줄 필요가 있을까? 왜 아무 이유 없이 벌거벗은 여성들이 탑처럼 쌓여 있을까? 옷을 입은 여성들 또한 터질 듯한 가슴골을 드러내면서 발그레한 뺨을 한 채 오묘한 눈빛으로 관중을 바라보는 이유는 무엇일까?

그동안 무식해 보일까 봐 차마 하지 못했던, '왜 명화에는 그토록 벗은 여자들이 많을까?'라는 질문에 대한 답을《다른 방식으로 보기》에서 발견했다. 이 책의 저자 존 버거는 이렇게 말한다. "화가가 벌거벗은 그녀를 바라보는 것이 즐거웠기 때문"이라고. 그리고 그는 이 책을 통해 좀 더 자세히 설명한다. "르네상스 이후 유럽에서 성애(性愛)의 이미지 대부분은 문자적으로든 은유적으로든 다 같이 정면을 향하고 있다. 왜냐하면 성적 행위의 주인공이 바로 그 이미지를 바라보고 있는 관객이자 소유자이기 때문이다."

르네상스 이후 유럽에서 명화의 이미지를 바라보고 있는 관객이자 소유자란 누구인가? 적어도 도시 생활 근로자의 네 달 동안의 생활비를 한 점의 그림과 바꿀 수 있는 재력을 갖춘 사람이되 《그림값의 비밀》 참고) 그림에 나오는 신화 이야기를 교양으로 무장하여 대화의 소재로 써먹을 수 있는 사람, 그리고 그림을 전시할 공간을 제대로 갖춘 사람, 대표적으로 정치인과 사업가들이다. 존 버거는 이렇게 말한다.

> "그들은 그림들이 걸려 있는 벽 아래서 의논하고 이야기를 나눴
> 다. 회의 중에 누군가가 자기보다 더 수완 좋은 사람에게 농락당
> 한 기분이 들면, 그는 고개를 들어 그림을 보며 위로를 구했다. 그
> 가 쳐다보는 그림은 그가 남자임을 상기시켜주었다."
>
> _《다른 방식으로 보기》 (p.68)

오늘날, 단란주점이나 업소에 즐비한 벌거벗은 여자들의 그림과 사진의 메커니즘이 이와 동일해 보이는 것은 나만의 착각일까? 누드의 이런 특별한 쓰임새는 근대 이후에도 사라지기는커녕 광고나 저널리즘, 마케팅에 더 다양하게 활성화되어 표현되고 있다. 이렇게 보면 광고에서 고전미술의 형식을 그대로 답습하거나 여자의 몸을 벗기지 못해 안달인 것을 보면 이상할 것도 없다. 그것은 그 광고를 보고 구매할 이들에게 일정한 몸의 재현을 전시하

고, 피구매자들에게는 일상적으로 몸을 규율하는 모범적 규범이 된다. 누드화는 오직 그것의 구매자와 감상자들만을 위한 위무이자 표현이자 장치인 것이다. 책 속에서 존 버거는 앵그르의 그림 〈그랑드 오달리스크〉와 한 남성 대중잡지에 실린 사진을 비교한다. 그 사진 속 여자 모델은 옷을 벗은 채 유혹하는 시선으로 독자를 정면으로 바라보고 있다. 존 버거는 이렇게 말한다.

> "(이 그림들에서) 그녀의 육체 각 부분들은 그림을 보는 남자의 눈에 잘 보이도록 배치되어 있다. 즉, 그림은 그것을 보는 남자의 성적 욕망을 불러일으키기 위해서 그려진 것이다. 그녀의 성적 욕망과는 아무 상관이 없다. 여자는 오로지 남자의 성적 욕망을 채워 주기 위해 존재하는 것이지, 자기 자신의 욕망을 채우기 위해 존재하는 것은 아니다."
>
> _《다른 방식으로 보기》 (p.65)

여기서 나는 고민하게 된다. 남자들은 여자의 벗은 몸을 보며 즐거움을 느끼고 자신의 소유물을 자랑한다. 그렇다면 왜 현대의 여자들은 남자의 성적 욕망을 채우기 위해 고전주의 회화의 주인공을 닮아가려 노력하는 것일까? 왜 같은 여자의 벗은 몸을 보며 그토록 닮고 싶어 전의를 불태우는 것일까?

지인 중에 만나는 즉시 머리끝부터 발끝까지 쭉 훑어보고 신랄한 피드백을 해주는 사람이 있다. 근 5년 만에 만난 그이는 역시나 첫인사를 하자마자 한마디한다. "너는 어째 나이를 먹어도 가꿀 줄을 모르냐." 나는 그녀에게 숱하게 지적당하던 지난날이 새삼스레 떠올랐다. 컨디션이 조금만 안 좋아도 얼굴에 뽀루지부터 올라오는 나를 볼 때마다 그녀는 조언을 쏟아냈다. 브랜드별 화장품 비교와 추천에서부터 시작한 조언(을 가장한 잔소리)은 실력 좋은 성형외과 추천으로 이어지더니 최근에는 감쪽같은 보톡스 시술로 마무리되었다. 또 결혼 전에 "너 그렇게 외모에 신경 안 쓰면 아무도 안 데려간다"던 말은 결혼 후에는 "그렇게 퍼져 있다가 금방 아줌마 된다"로, 진짜 아줌마가 된 지금은 "연애나 결혼뿐 아니라 모든 사회생활에서 외모가 중요하다"로 이어진다.

만날 때마다 지청구를 들어서 그런가. 나이를 가늠할 수 없을 정도로 아름답고 세련된 그녀와 다닐 때면 나도 모르게 주눅이 들곤 했다. 그깟 시술이 뭐라고 그녀와 헤어지고 집에 돌아와 거울 속의 내 얼굴을 찬찬히 살피게 되는 거다. 진짜 보톡스라도 맞아야 하나? 나만 빼고 다 하는 건가? 이렇게 나는 푹 퍼진 아줌마가 되어가는 건가 시무룩해진다. 그런 속마음을 감추고 '건강'을 위해 다이어트한다고(일정 부분 사실이기도 하니까), '사회생활'을 위해 가꾼다고(누가 뭐라 했냐고) 나 스스로에게 말하곤 하는 거다.

나는 도대체 무엇에 위축되는 걸까? 아니 그녀는 왜 그렇게나 외모에 관심이 많은 걸까? 아니, 이것도 아니다. 나는 나를 포함해서 많은 여성들이 외모에 대한 평판에서 자유롭지 않은 '불편한' 이유를 알고 싶다. 돌이켜보면 내가 아는 대부분의 여성들은 외모에 대한 평판에서 자유롭지 못했고, 원하는 일이 이루어지지 않을 때면(취업에 실패하거나 연애가 풀리지 않을 때, 남편이 바람 필 때 등등) 자신의 외모를 탓하곤 했다. 그런데 생각해보면 내가 아는 그 어떤 남자도 자신의 외모에 대해 5분 이상 이야기하지 않는다. 다른 여자의 외모에 대해서는 이러쿵저러쿵 말들이 많았지만.

《이미지의 힘》의 저자 아네트 쿤은 서문에서 프랑스의 구조주의 철학자 롤랑 바르트의 말을 빌려 "의미라는 것이 재현 과정에서 작동하는 코드를 통해 생산된다"고 말한다. 우리는 의미가 자연스럽고 명백하고 내재적인 것이라고 생각하지만, 사실 의미는 식별 가능한 의미화 과정을 통해 구축된다는 것이다. 이 말은 우리가 느끼는 어떤 감정들, 사진이나 영화, 드라마, 광고 등을 보면서 자연스럽게 느껴지는 감정들이 사실은 이데올로기적으로 구성된 것임을 뜻한다. '아름답다', '추하다', '멋지다' 혹은 '재미있다', '재미없다', '그럴 듯하다', '말도 안 된다'와 같이 영화나 드라마를 볼 때면 자연스레 떠오르는 이런 느낌이나 감정들은 사회적으로 지극히 만들어진 구성체이다. 의미란 단순히 이미지에서 나오는 것이 아니다. 이미지를 만드는 사람은 사회 구조에서 그것이 어떤 의미로 유통되는지를 미리 알고 그 의미의 코드를 재현하는 것이다. 예를 들어볼까. 여성 코미디언이 자신을 소재거리로 쓸 때 그것은 대부분 '뚱뚱한 여자'에 대한 조롱이거나 '예쁘지만 허당'인 여성 이미지에 대한 반전이다. 그런 프로그램을 볼 때마다 그것이 웃음 코드가 되는 이 사회의 무의식에 대해 생각해보게 된다.

보부아르의 《제2의 성》에 나오는 "여자는 태어나는 게 아니라 만들어진다"라는 말은 타고난 성과 사회문화적으로 만들어진 젠더라는 개념에 대한 가장 유명한 명제이다. 그런데 이 말이 강남 한복판의 성형외과 전단지에 쓰여 있다면 이 말은 보부아르가 말하고자 하는 의미가 아니다. 지금 여기 대한민국에서 성형을 통해서라도 여성성을 체현해야 한다는 의미로 받아들여진다(정말 무덤에 있던 보부아르가 벌떡 일어날 만한 일이다!). "여자는 어차피 얼굴"이라고 하는 내 지인의 말은 사회적으로 유통되고 가치 평가되는 외모의 가치를 재현하고 있는 것이다. 코드화된 이미지와 감정은 사회에서 그것이 통용되고 이해되고 받아들여지는 가치관이 '재현-관람자-사회 구조' 사이에서 자연스레 유통되고 있음을 전제한다.

나는 더 이상 명화를 보며 신화의 원형과 인문학적 상상력을 떠올리지 않는다. 그것이 재현되고 유통되는 과정에서 공유되었던 의미들에 대해 알아버렸기 때문이다. 그러자 내 외모를 신랄하게 평가하는 지인에 대한 불편한 마음도 사라졌다. 사회적 시선을 적극적으로 내면화함으로써 나보다 더 자유롭지 않음을 알아 챘기 때문이다. 그 대신 재현-관람자-사회 구조 사이에서 유통되는 이미지의 이데올로기에 대해 더 생각하게 된다. 프랑스의 정신의학자 라캉은 "우리는 타인의 욕망을 욕망한다"고 말했다. 우리가 드라마와 광고 속 그녀들의 모습과 비슷해 보이려고 뼈를 깎고 죽을 만큼 살을 빼는(은유적 표현이 아니다) 이유는, 그렇게 해서라도 남성의 승인과 욕망의 대상이 되어야만 하는 세상에 살고 있어서다. 이제 그것조차 '자기계발'이라는 이름으로 내면화되어가는 현실이 슬플 뿐이다.

내 안의 콤플렉스를 고발합니다

《일곱 가지 여성 콤플렉스》

엄마는 내가 전업주부로 살길 바랐다. 내가 기억하는 순간부터 엄마는 유, 무급 노동을 계속해왔는데, 새벽 일찍 일어나 도시락 여섯 개를 싸고, 아침을 차리고, 세 아이를 학교에 보냈다. 저녁에 퇴근해서도 엄마가 쉬는 모습을 본 적이 한 번도 없다. 엄마는 언제나 가정과 살림의 중요성에 대해 이야기했다. "여자가 나서면 될 일도 안 된다.", "여자는 살림을 잘하는 게 가장 중요하다.", "남자 기죽이지 말아라.", "아이 잘 키우는 게 가장 가치 있는 일이다." 어쩌면 워킹맘으로 살아온 당신의 삶이 너무 고달파서 딸만큼은 전업주부로 살길 원했는지도 모른다. 그런데 어려서부터 반복되었던 그 언설들을 통해 나는 엄마를 평가하기 시작했다.

언제나 목소리가 크고 자기주장을 굽히지 않는 엄마, 일하느라 늘 바쁜 엄마, 마땅히 해야 하는 엄마 역할(이를 테면 비가 오는 날 학교에 우산을 가져다주는 것)을 제대로 하지 않은 엄마. 나는 그렇게 엄마의 말로 엄마를 평가하며 가치를 깎아내렸다. 나는 엄마처럼 도 살지 않을 거고, 엄마의 말처럼도 살지 않으리라 결심했다. 하지만 엄마의 말들은 내 몸에 차곡차곡 쌓여 나는 그 말을 결코 무시할 수도, 그 말에서 결코 벗어날 수도 없었다.

《일곱 가지 여성 콤플렉스》는 '착한 여자 콤플렉스', '신데렐라 콤플렉스', '성 콤플렉스', '외모 콤플렉스', '지적 콤플렉스', '맏딸 콤플렉스', '슈퍼우먼 콤플렉스' 등 우리 사회에 만연한 대표적인 일곱 가지 여성 콤플렉스를 살펴보는 책이다. 왜 우리는 자신의 콤플렉스를 알아야 하는가? 답은 간단하다. 자신의 문제가 무엇인지 알아야 거기에서 벗어날 수 있기 때문이다. 나도 모르게 사회가 만들어온 여성 신화에 충실히 복무하고 있는 지금 상태에서 벗어나기 위해서는, 내가 얽매여 있는 콤플렉스가 무엇인지부터 제대로 알아야 한다.

우리는 태어나서 지금까지 어떻게 살아야 하는지에 관한 숱한 이야기를 들어왔다. '여성은 이래야 한다' 혹은 '여성은 이런 존재다'라는 이야기들. 그 이야기들은 한편으로는 신화가 되고 그것을 획득하지 못한 여성에게는 콤플렉스가 된다. 그런데 그 '여성성'을 완벽하게 충족하는 여성이 있을까? 여성들은 절대 채울 수 없는 여성상을 바라보며 한없이 부족한 자신을 채찍질하고 그에 맞지 않은 다른 이를 재단한다. 그렇다면 수많은 여성에 관한 신화들은 도대체 누구를 위해 복무하는가? 이 책은 이렇게 말한다. "여성 신화는 남성의 지배를 강화하는 편리한 도구이자 여성에게 인간답지 못한 삶을 강요하는 교묘한 굴레였다."

여자들이 가장 많이 가지고 있는 콤플렉스이자 가장 부끄러워하는 콤플렉스, 더해서 가장 욕을 많이 먹는 콤플렉스는 아마도 '신데렐라 콤플렉스'일 것이다. 이는 자신의 능력과 인격만으로 자립할 수 없는 여성이 일시에 자신의 일생을 변화시켜줄 사람의 출현만을 찾는 심리적 의존 상태를 가리키는 말이다. 신데렐라와 비슷한 플롯을 가진 이야기는 유럽에서만 500가지가 넘는다고 한다. 아시아에서도 마찬가지다. 우리나라에서 찾아보자면《콩쥐 팥쥐》정도가 있을 것이다. 이 이야기들의 서사 구조는 대개 비슷하다. 예쁘지만 가난한 여성, 신분은 높지만 현재 구박받는 위치에 있는 여성을 백마 탄 왕자가 구해준다는 내용이다.

이 신데렐라와 백마 탄 왕자 스토리는 오늘날에도 드라마와 영화를 통해 수없이 변주되고 지속된다. 드라마의 시청자는 주로 성인 여자들이다. 어린 시절 항상 듣던 동화 속에서나 이룰 법한 이야기가 현실에선 일어나지 않는다는 것을 알고 있음에도 그녀들은 이와 비슷한 이야기에 빠져든다. 아무리 노력해도 자신이 공주처럼 예뻐지지 않는다는 것, 예뻐진다 해도 백마 탄 왕자는 오지 않는다는 것, 설사 백마 탄 왕자가 온다고 해도 노력하지 않는한 행복하기는 쉽지 않다는 것, 설사 행복하다 해도 그것을 유지하기는 더 쉽지 않다는 것을 성인이 된 그녀들은 모두 알고 있다. 그럼에도 현실에서의 그녀들은 판타지를 충족할 수 있는 대상을 원한다. 그 판타지를 팔아 돈을 버는 제작사가 존재하고, 그 판타지를 유포시킴으로써 여성을 타자화하는 이들이 존재하고, 왕자만 기다리는 여자가 다루기 편하다는 가부장적 연대 의식이 살아숨쉰다.

여자 주인공의 아름다운 외모에 대한 묘사로 시작된 동화의 마지막 문장은 천편일률적이다. "두 사람은 결혼해 행복하게 살았습니다." 우리들의 어린 시절을 송두리째 차지했던 《신데렐라》, 《콩쥐 팥쥐》, 《백설 공주》, 《잠자는 숲속의 공주》 등등 동화 속 이야기는 항상 결혼으로 끝이 난다. 결혼만 하면 그 후로는 더 이상 생각할 것도 고민할 것도 이야기할 것도 없는 양 말이다. 나는 '결혼'이야말로 가장 고평가되고 신화화된 제도라고 생각한다. 결혼은 가부장제 시스템에 본격적으로 진입하는 출발선일 뿐이다. 그 이후에 나올 가사 노동과 양육, 육아와 고부갈등 같은 이야기는 모두부차적인 것으로 사라져버린다. 이 마지막은 중요한 질문을 막아버린다. '무엇'이 행복이고, '누구'의 행복이며, 행복을 위해 '무엇을', '어떻게' 합의해야 하는지 같은 것들 말이다. 전혀 다른 두 사람이 만나 한 가정을 이루는데, 어떤 갈등이 있을 수 있고 어떤 과정이 기다리고 있으며, 어떻게 문제를 해결해야 하는지 이 동화들을 통해 우리는 전혀 배우지 못한다.

여기서 이 이야기들이 어쩌다 만들어졌는지 추적해보자. 수전 브라운밀러의 책《우리의 의지에 반하여》에서는《백설공주》와 《잠자는 숲속의 공주》의 실제 배경을 유추해볼 만한 이야기가 나온다. 11세기경 중세 초기, 유럽의 봉건제하에서 토지 소유권은 상속 가능한 권리가 되었다. 토지는 관습적으로 아버지에게서 아들로 계승되었는데, 대부분 후견과 결혼제도를 통해 유지되고 상속되었다. 그런데 자식이 무남독녀 외동딸이거나 전쟁과 질병 등으로 살아 있는 남성 상속자가 없는 경우 여성도 재산을 받을 수 있게 되었다. 이때 우리의 상속녀 '공주님'이 등장한다. 저자는 이렇게 말한다.

"명백히 경제적인 이유 때문에 상속녀는 상위 권력자의 허락 없이는 결혼할 수 없었고, 허락 없이 결혼한 경우 상속한 재산을 잃었다. 일단 결혼 생활이 시작되면 아무도 부부 관계의 법적, 종교적 신성함에 이의를 제기하지 않았기에 모험심이 강하고 신분 상승을 꿈꾸는 기사들은 납치혼을 통해 '상속녀를 훔치는' 관습을 부와 권력을 거머쥐기 위한 정규 절차처럼 여기게 되었다. 기록에 따르면 15세기 헨리 7세의 칙령에 이르러서야 상속녀를 훔치는 일이 중죄로 규정되었다."

_《우리의 의지에 반하여》 (p.40)

'상속녀 훔치기'는 고대 소설과 동화에서 낭만적으로 이상화되어 입에서 입으로 전해 내려온다. 그렇지만 그것은 토지에 대한 욕망, 그 이상도 이하도 아니었다. 이것이 바로 백마 탄 왕자의 실체였던 것이다.

자, 그럼 여기서 공주와 대립각을 형성하는 또 하나의 축, 계모를 보자. 계모는 언제나 공주를 괴롭히는 사악한 여성으로 묘사된다. 우리 인식 속에 있는 일반적이면서 사악한 계모상은 바로 《백설 공주》에 등장하는 왕비이다. 매일 거울을 보며 세상에서 누가 가장 예쁜지를 묻는 나르시시스트, 전 부인에게 물려받은 딸의 미모를 시기해 사냥꾼에게 청부살인을 지시하는 인면수심의 여성, 그리고 청부살인이 실패로 끝나자 두 번이나 직접 찾아가 순진무구한 백설 공주에게 끝내 독사과를 먹이는 악마. 백설 공주의 계모, 콩쥐 팥쥐의 계모, 신데렐라의 계모, 장화와 홍련의 계모까지, 동서양을 떠나 종횡무진 악녀로 이름을 날리는 그녀들은 어쩌다 (악한) 계모가 되었을까?

계모는 가부장제 사회에서 철저히 약자이다. 가부장제 사회의 가계도를 보면 여성이 낳은 자식 중 아들은 이름을 올리지만 정작 그 아들을 낳은 여성의 이름은 올라가지 않는다. 여성은 자손(특히 아들)을 낳는 도구일 뿐이다. 그 시스템에서 여성이 일찍 죽었거나 아들을 낳지 못한 경우 남편에게는 '첩', 아이에게는 '계모'라 불리는 존재가 필요해진다.

이정원의 책《전을 범하다》에 따르면 계모는 이 위치에서 두 가지 문제에 봉착하게 된다. 우선 언제 쫓겨날지 모르는 불안한 지위 문제, 두 번째는 남편과 전처 자식들 사이의 관계 문제이다. 만약 남편이 죽고 전처의 아들이 가장이 되면 자신의 위치가 어떻게 달라질지도 알 수 없게 된다. 이 두 가지 문제에 봉착한 상황에서 계모가 할 수 있는 전략은 두 가지뿐이다. 빨리 아들을 낳아서 자신의 위치를 공고히 하거나 남편과 전처 자식의 관계를 최대한 벌려놓는 방법. 그런데 아들을 낳는 것은 노력한다고 마음대로 되는 영역이 아니다. 그렇다면 할 수 있는 것은 남편과 전처 자식의 사이를 멀어지게 하는 방법뿐이다.

여기서 생각할 게 또 등장한다. 비록 상황이 이렇다 해도 실제로 모든 계모가 나쁜 사람이라는 법은 없다. 평범한 모든 사람이 그렇듯 나쁜 사람도 있고 좋은 사람도 있을 수 있다. 그런데 왜 모든 동화에서는 계모를 살인을 마다않는 교활한 마녀처럼 그리는 걸까? 이 이야기를 통해 많은 이들이 계모의 악독성을 당연히 여기게 된다. 여기에 숨은 다른 의도는 없을까?《전을 범하다》에서 저자는《장화홍련전》에 비추어 계모를 희생양으로 삼는 가부장제를 고발한다.

> "계모형 가정소설에서 전처의 자식들이 죽고, 처첩형 가정소설
> 에서 아내들이 수난을 당해도 아버지이자 남편은 끄떡없다. 자식
> 이 죽으면 새로 낳으면 되고 아내가 죽으면 다시 장가를 가면 된
> 다. 그녀들은 용서된다. 그렇게 매번 가부장제라는 진범은 '사악
> 한 계모'의 뒤꽁무니에 숨어버린다."
>
> _〈전을 범하다〉 (p.8)

이쯤 되면 우리는 계모가 마녀인 이유를 알게 된다. 그녀들은
'희생양'인 것이다. 세계적인 문학 평론가 르네 지라르는 "희생양
메커니즘은 하나의 희생양으로 모든 가능한 희생양을 대신하는
것"이라고 설명한다. 희생양이라는 하나의 존재를 타자화함으로
써 거기에 격렬한 증오와 혐오를 부가하고 그를 통해 사회적 재난
과 폭력을 정화한다. '계모'라는 희생양을 통해 사회가 지키려고
하는 가치는 '가부장제'이고, 그것은 곧 여성 섹슈얼리티의 통제를
통해 나타난다.

우리나라의 경우 고려와 조선 초기까지만 해도 여성의 이혼이
나 재가, 재산 소유 등에 큰 제약이 없었다고 한다. 그러나 유교가
사회에 깊이 뿌리내리면서 달라졌다. 재산을 자기의 직속 혈연에
게만 상속하기 위해서 여성의 정절을 강조하기 시작한 것이다. 여

기에 서자 차별과 부녀자의 수절을 강조함으로써 시스템은 더욱 공고해졌다. 국가에서는 해마다 열녀를 뽑아 상을 내렸고, 열녀로 인정받으면 몰락한 가문이 다시 일어나기도 했다. 개가하면 정절을 지키지 않는 부도덕한 여인으로 몰아세우는 한편, 계모의 악독성을 더욱 부각시켰다. 이런 과정을 통해 여성의 정절에 대한 관념은 사회 전체로 확산된다.

이제 동화가 유포한 여성성의 허상을 보자. 동화에서 왕자들은 공주의 외모만 보았을 뿐 그녀에 대해 아무것도 몰랐다. 공주의 문제 해결 방식은 '울기' 뿐이었고, 그 외에 어떠한 지성이나 매력이나 통찰력 또한 보여주지 않았다. 이 '예쁘면서 징징 짜는 여자'의 모습이 의미하는 바는 결국 수동성이다. 이들은 자신의 인생에서 결코 주체의 위치에 서지 못한다. 이쯤에서 나는 이 이야기의 소비자는 누구인지, 그들이 왜 이 이야기를 소비하는지 궁금해진다. '객체/주변'의 위치에서 머무르며 자신을 구해줄 왕자를 기다린다는 이데올로기를 내면화한 채 계속해서 그것들을 소비하는 이들은 누구인가?

여성들이 자신을 성적 대상화하는 문화에 돈까지 내면서 일조하고 있다는 이러한 문제의식이 서구를 중심으로 확산하기 시작한 지는 사실 꽤 되었다. 그리고 대중문화는 점점 그 형태를 바꾸어나가고 있다. 디즈니의 만화에서는 더 이상 여성을 객체로만 그리지 않는다. 〈겨울왕국〉에서 엘사의 서사는 마치 슈퍼히어로의 탄생설화를 보는 것 같고, 〈알라딘〉의 자스민은 술탄의 자리를 이어받는다. 마블 영화에서도 이런 경향은 이어진다. 캡틴 마블은 어벤저스 역대 가장 센 히어로이고 찌질하게 도발하는 옛 상사를 향해 "너에게 증명할 것은 없다(I have nothing to prove to you)"고 말하며 레이저로 쏘아버린다. 1979년에 개봉한 〈매드맥스〉 첫 번째 편에서는 여성들이 꺅꺅거리며 도망치는 것밖에 하지 않았지만 2015년 〈매드맥스: 분노의 도로〉에서는 퓨리오사가 여성들을 구하고 도망쳐온 바로 그곳을 탈환한다.

이런 변화는 어떻게 일어나게 된 것일까? 감독들이 어느 날 갑자기 페미니스트 약이라도 한 병씩 들이킨 걸까? 그 이면에는 가부장제 이데올로기를 내면화한 것도 모자라 그것을 소비하고 있었다는 것을 자각하게 된 여성들의 지속적인 문제제기가 있었다. 그들은 몇십 년간 이렇게 외쳐왔다. "Girls Do Not Need a Prince." 우리는 백마 탄 왕자를 기다리지 않는다는 말이고, 그 말은 곧 백마 탄 왕자를 기다리게 하는 가부장제를 원하지 않는다는 말이기도 하다. 즉, 변화는 어느 날 갑자기 대중문화 내부자들이 개과천선해서 의식이 바뀌어 일어난 일이 아니라는 거다. 이제야 산업 시스템 내에서 여성들의 소비주권이 임계점을 넘은 것이리라. 하지만 한국의 문화 산업에서는 아직 멀기만 한 이야기로 보인다. 우린 아직도 더 설치고, 말하고, 생각해야 한다.

나는 결혼 전 남편과 연봉이 같음을 굳이 양쪽 집안 식구에게 말하지 않았다. 육아로 회사를 그만둘 때는 내가 얼마나 성취 지향적인 인간인지 말할 수 없었다. 전업주부로 사는 동안은 내가 회사를 차리는 일은 가당치도 않다고 생각했다. 어쩌면 나를 한계에 가둔 것은 나 자신이었을지도 모르겠다. 되돌아보면 내가 창업을 하겠다고 결심했을 때는, 내 안에 인정하고 싶지 않았던 '신데렐라 콤플렉스'를 인정하고 난 후였다. 처음엔 남편이 백마 탄 왕자가 아님에 실망했고, 그 후엔 백마 탄 왕자를 제대로 찾아내지 못한 내가 한심스러웠다. 그런데 이 모든 걸 있는 그대로 인정하자 이상하게 힘이 솟았다. '내가 원하는 걸 해주지 않는다고 원망 말고 내가 직접 하겠다!' 나는 그렇게 살기로 했다.

돌이켜 생각해보면, 전업주부의 가치를 언제나 강조했지만 평생 일하는 여자로 살았던 엄마는 오히려 워킹맘의 당당함을 나에게 각인시켰다. 여성도 얼마든지 경제력을 가질 수 있으며, 경제력을 가졌을 때 집안에서의 지위와 사회적 입지가 달라질 수 있음을, 원하는 것이 있으면 쟁취할 수 있음을 온몸으로 보여주었다.

나는 페미니즘을 공부하면서 비로소 '벌거벗은 임금님'을 외칠 수 있게 되었다. 무언가 이상했던 것, 내가 경험한 것과 그것을 설명하는 와중에 이상하게 불편했던 모든 것들이 톱니바퀴의 아귀가 맞아나가듯 이해되기 시작했다. 나의 상처가 만들어지게 된 사회문화적 조건을 이해하면서 비로소 상처로만 생각하던 기억을 마주할 수 있게 되었다. 나의 불편함을 만들어내고 그것을 침묵시키려 하는 시스템을 알게 되면서 그것을 넘어설 수 있게 된 것이다.

이쯤 되니 나는 웬만한 상담보다 페미니즘 책을 읽을 때 왜 더 많은 치유와 해방감이 느껴졌는지 알 수 있었다. '신데렐라 콤플렉스'라는 말을 일반화시킨 미국의 저널리스트 콜레트 다울링은 신데렐라 콤플렉스를 '억압된 태도와 불안이 뒤얽혀 여성의 창의성과 의욕을 발휘하지 못하게 하는, 일종의 미개발 상태로 묶어두는 심리 상태'라고 정의한다. 신데렐라 콤플렉스에 빠진 여성은 실제 자신의 성취를 가로막는 대상이 없을 때에도 두려움과 불안감을 느끼고 선택을 주저한다. 이에 저자는 여성들에게 자기 마음속 의존성을 솔직히 시인할 것을 주문한다. 자신의 실상에 정면으로 맞섬으로써 자신이 누구인지, 무엇을 성취할 수 있는지 뚜렷이 파악하라고 말한다. 여성들의 '자유를 향한 도약'이 그것을 통해 비로소 가능해진다고 말이다.

앞서 언급한 일본의 사회학자 우에노 치즈코는 "가부장제란 자신의 다리 사이로 낳은 아들로 하여금 자기 자신을 멸시하도록 기르는 시스템을 가리킨다"고 말했다. 딸인 나 또한 가부장제 시스템에서 엄마를 멸시하도록 길러졌는지도 모르겠다. '여자 팔자는 전업주부가 최고'라는 엄마의 언설은 가부장제가 주입한 이데올로기였을 뿐, 엄마의 실제 삶은 그렇지 않았다. 엄마는 삶으로 보여주었다. 원하는 것이 있다면 원하는 사람이 쟁취해야 한다는 걸. 그것을 깨닫고 나자 나는 엄마의 꿈에서 자유로워졌고 엄마의 언어에서도 자유로워졌으며 더 이상 나의 콤플렉스 때문에 다른 이를 원망하지 않게 되었다. '자유를 향한 도약'이 가능하다면 이것이 첫 발자국을 떼는 일 아닐까.

'착한 남자'는 어떻게 만들어지는가

《맨박스》

2년 전 일이다. 작은 페미니즘 독서 모임을 시작했다. 멤버 중 몇 명은 친분이 있지만 또 몇 명은 서로 모르는 느슨한 성격의 모임이었다. 모임 리더는 오픈채팅방에 '여성학 공부'라는 이름의 단체 메신저방을 만들었다. 첫 모임을 앞둔 어느 날, 낯선 남성에게서 같이 공부를 하고 싶다는 메시지가 왔다. '그래, 남자도 페미니즘을 공부할 수 있지. 페미니즘에 관심을 갖는 것을 우리는 적극 환영해.' 그럼에도 불구하고 리더와 나는 한참을 고민했다. 페미니즘 공부할 수 있는 다른 곳도 많은데 왜 우리 같은 소모임에 오고 싶은 것일까? 좋은 선생님이 따로 있는 것도 아니고, 그저 같이 책 읽고 수다 떠는 게 다인 모임에 말이다. 다른 곳을 찾아보시라고, 제대로 가르쳐줄 수 있는 선생님이 계신 곳을 가는 게 좋지 않겠느냐고 에둘러 거절했지만 본인은 그저 같이 공부하는 것만으로 만족한다며 꼭 함께하게 해달라고 재차 요청했다. 그러자 자꾸만 이상한 생각이 들었다. 혹시 페미니즘을 공부하는 우리를 해코지하려는 사람은 아닐까? 최근 남녀갈등이 거의 전쟁 같은 수준으로 확대되고 있는데, 페미니즘을 공부한다는 이유로 우리 모임을 망가뜨리려는 것은 아닐까? 두려운 마음도 들었지만 남성이라는 이유로 모임에 참여하지 못하게 하는 것 또한 페미니즘을 공부하는 이유와는 맞지 않는 것 같아 그를 받아들이기로 했다.

모임 당일. 의외로 평범하고 성실해 보이는 보통의 남학생이 모습을 드러냈다. 그가 페미니즘에 관심을 갖게 된 계기는 이러했다. 군대에 있을 때 후임이 동성애자임이 '발각'되었는데, 그가 온갖 혐오의 대상이 되는 것을 보며 방조한 자신에 대한 죄책감을 가지게 되었다고 했다. 왜 양성평등이 아니라 성평등을 외치면 안 되는지, 다양성을 인정하는 사회가 되면 모두 좋은 것이 아닌지 하는 생각에 페미니즘을 공부하게 되었다고. 그의 이야기를 숨죽여 듣던 우리는 그제야 민망하게 웃었다. 그렇게나 호들갑스럽게 그를 경계하던 시간이 부끄러웠고, 모든 남자를 잠재적 가해자 취급한 것 같아 미안한 마음마저 들었다.

남편에게 이 이야기를 하자 그는 내게 "피해자 놀이를 하고 있냐"며 큰 소리로 웃었다. 그 자리에서는 따라 웃었지만 서서히 기분이 나빠졌다. '피해자 놀이'라는 말 때문이었다. 내가 한 행동이 과연 피해자 놀이인가? 우리는 피해자가 되고 싶은 게 아니다. 더더욱 그것이 놀이일 리가 없지 않은가! 많은 남성들이 여성들을 향해 자신을 '잠재적 가해자' 취급한다고 화를 낸다. 그래, 나도 알고 있다. 한국의 남성이 다 '일베'이거나 '몰카'에 찬성하거나 강간과 섹스를 혼동하지는 않는다는 것. 그들은 선한 의도를 가졌고, 여성을 존중받아 마땅하다고 여기고, 여성을 때리거나 강간하는 건 상상도 할 수 없는 일이라고 생각하는 남성도 많다는 것을. 아직도 수많은 남성들이 이런 선하고 평범한 '착한 남자'라는 것을 나도 알고 있다. 토니 포터의《맨박스》는 이런 착한 남성들을 위한 책이다. 그는 첫 장에서부터 이렇게 말한다.

"하지만 이런 '착한 남자'들도 인지하지 못하는 게 있다. 그것은 남자들만의 특권과 그릇된 남성성의 사회적 학습이 가정 폭력, 10대 데이트 폭력, 성폭력, 성매매 그리고 여성에 대한 사회 전반적인 적대감을 불러일으켰다는 것이다."

_《맨박스》(p.15)

그의 목적은 착한 남성을 비난하는 것이 아니다. 그는 대부분의 남성이 착한 심성을 갖고 있다 해도 일련의 '사회화 과정'을 거치면서 남성 중심주의, 여성의 비인격화를 습득하게 된다고 말한다. 그 사회화 과정은 한마디로 '여성성'의 정반대를 향한 벡터

(vector)를 통해서 만들어진다. 그 벡터는 두 가지 형태를 띤다. 첫째, '남자'가 되는 법은 대부분 여성의 성향이나 관점이라고 생각되는 것들로부터 거리를 두는 데서 시작된다. 그는 남자들에게 가장 치욕적인 욕은 "계집애 같다"이고, 그들은 여자처럼 굴지 않기 위해 애쓴다고 고백한다. 남자다움은 곧 여성의 관점과 입장에서 멀리 있는 것이 되고, 그러면서 여성은 자연스럽게 열등한 존재가 된다는 것이다. 둘째, 여성을 존중할 만한 대상으로 대하는 것 자체가 스스로의 남성성을 해치는 일로 여기는 것이다. 그들은 학창 시절 내내 이성에게 보이는 관심은 성적인 것이어야만 하고, 섹스가 목적이 아닌 인간으로 여성을 대할 때 '남자다움'을 의심받기 시작한다고 말한다.

그렇게 남성들이 '여성'으로부터 얼마나 멀리 달아났느냐에 따라 자신의 남성성을 인정받는 과정을 거치며 그들은 결국 여성의 체험에 좀처럼 관심을 두지 않는 상태에 빠지게 된다. 저자는 이런 무관심이 여성 폭력을 용인하는 문화의 주된 원인이라고 말한다. 그들이 '나는 여성에게 주먹을 휘두르는 그런 놈이 아니다'라고 생각하면서, 여성에게 주먹을 휘두르는 놈들을 괴물화해 격리시키고는 잊어버린다는 것이다. 평범한 남성들이 폭력적인 남성들을 보고도 지나치거나 비난하지 않는 이유는 여성을 남성의 소유물로 생각하는 인식이 깔려 있기 때문이기도 하다. 다시 말해 다른 남성의 소유물에 대해 왈가불가하지 않는 것이다. 이러한 그들의 침묵은 결국 폭력적인 남성에 대한 면죄부로 작용한다.

이 책에는 남자다움이라는 '맨박스'가 어떻게 평범하고 선한 남성을 잠재적 가해자로 만드는지 '실라'라는 지체장애 여성을 향한 강간 모의를 통해 실감나게 보여준다. 저자가 열두 살 즈음, 브롱크스의 할렘 지역에 살던 동네 건달형 조니가 그를 어느 집으로 부른다. 조니는 손가락으로 방문을 가리키며 그에게 말한다. "할래?" 책에는 그가 이 질문을 듣고 했던 고민이 생생하게 담겨 있다. "지금 들은 '할래?'라는 질문은 내 미래를 결정지을 수 있었다. 까딱 잘못 대답했다가는 의젓한 남성으로 인정받고자 하는 나의 계획에 큰 차질이 생길 수 있었다. 무슨 일이 있어도 정답을 맞혀야 했다. 내가 아직 성경험이 없고 지금 당장 경험할 마음의 준비가 되지 않았다고 말하는 건 명백한 오답이었다." 그때 그가 선택할 수 있는 답변은 하나뿐이었다. "어, 할래!"

하지만 그는 실라를 강간하지 않았다. 시간이 흐르기를 기다리다 바지춤을 엉거주춤 추켜올리며 방에서 나왔을 뿐. 그러자 거실에서 자기 순번을 기다리고 있던 친구들이 그에게 묻는다. "어땠냐?" 그는 일부러 바지 지퍼를 추어올리며 말한다. "좋았어." 그때까지도 그는 자신이 적어도 '나쁜 놈'은 아니라고 생각한다.

5년쯤 뒤에도 비슷한 일이 벌어진다. 남자아이들이 방문 앞에 줄 서 있는 것을 보고 그는 실라를 떠올린다. 문을 열고 들어가니 역시나 실라가 눈이 풀린 채 맥없이 누워 있다. 이제 몸집도 크고 힘도 세져 자기 목소리를 낼 수 있게 된 그는 그 자리에 있던 친구들에게 "이게 뭐하는 짓이냐" 하고 비난의 욕설을 퍼붓고 그곳을 떠난다. 그때도 그는 자신이 착하고 선한 사람이라고 생각한다. 하지만 이내 그녀를 '두 번이나 버려뒀다'는 사실을 깨닫고 만다. 그는 실라를 데리고 나올 수도 있었고, 친구들을 설득할 수도 있었다. 하지만 아무것도 하지 않는 길을 택했다. 물론 아무도 그에게 실라를 구하지 않은 책임을 묻지 않았다. 그에게는 죄가 없다. 그는 남성성 집단의 사회화 교육을 충실히 따른 '착한 남성'일 뿐이었다.

착한 남성이 남성 연대를 공고화시키는 메커니즘은 이런 식으로 작동한다. 그렇게 선한 남성들은 알게 모르게 맨박스의 가르침을 널리 퍼뜨리는 메신저 역할을 한다. 우리나라에서 흔히 벌어지는 대학의 단체 채팅방 성희롱, 집단 성매매, 룸살롱 문화 같은 것들이 대부분 그런 식으로 만들어지는 것이 아닌가.

철학자 한나 아렌트는 나치의 친위대 중령 아이히만의 전범재판에 참석하고 충격을 받는다. 유대인에게 인종주의적 대학살을 단행한 아이히만이 실제로 저지른 악행에 비해 너무나도 평범해 보였기 때문이다. 그는 괴물도 살인자도 악귀도 악당도 아니었다. 성실하고 선한 우리의 이웃들과 비슷한 모습이었을 뿐이다. 그녀는 고민한다. 사회적 악과 폭력의 본질은 무엇인가. 악은 도대체 어떻게 실행되는가. "나는 명령에 따랐을 뿐"이라고 되풀이하는 그의 말을 들으며 아렌트는 '악의 평범성'을 떠올린다. 세상의 모든 악은 한 명의 괴물 때문에 만들어지지 않는다. 평범하고 선한 이들이 권력과 시스템의 일부가 되어 질문하기를 잊어버리는 순간, 악은 아무런 여과 장치 없이 실행된다. 악의 행위자와 동시에 그것을 방조하고 공모하는 평범한 사람이 있어야 비로소 현실에서 발휘된다는 것이다.

일본의 지성이라 불리는 우치다 타쓰루는 자신의 책《푸코, 바르트, 레비스트로스, 라캉 쉽게 읽기》에서 '무지'에 대해 이야기한다.

"우리가 어떤 것을 모르는 이유는 대개 한 가지뿐입니다. 알고 싶지 않기 때문입니다. 보다 엄밀히 말하면 자기가 무엇을 '알고 싶어 하지 않는지'에 대해 생각하는 것을 원하지 않기 때문입니다. 무지라고 하면 단순히 지식의 결여를 가리키는 말이 아닙니다. '알고 싶지 않다'라는 마음가짐을 갖고 한결같이 노력해온 결과가 바로 무지입니다."

_《푸코, 바르트, 레비스트로스, 라캉 쉽게 읽기》(p.7)

그렇다. '알고 싶지 않다'라는 마음가짐으로 한결같이 노력해온 결과가 바로 지금의 착한 남성들일 것이다. 그들을 비난하거나 잘잘못을 따지자는 게 아니다. 가부장제 사회에서 여성으로 사는 것만큼이나 힘들 맨박스의 괴로움에 대해 나열하며 누가 더 괴로운지 하나하나 겨뤄보자는 것도 아니다. '남성'이기 때문에 무조건 가해자이고, '여성'이기 때문에 무조건 피해자라는 고정된 정체성을 확인하자는 이야기는 더욱 아니다. 그나마 다행인 것은, 같이 독서 모임을 한 남학생처럼 자신의 무지를 인정하고, 자신이 혹시나 잠재적 가해자는 아니었는지 공부하려는 이들이 점점 많아지고 있다는 사실이다.

낯선 남성의 메시지 하나, 우리가 페미니즘을 공부한다는 사실. 그것만으로도 나는 충분히 겁을 집어먹었다. 그렇게 사회문화적으로 코딩되었다. 밤길을 다닐 때 뒤에서 발걸음 소리만 들어도 겁이 나는 것처럼, 혼자 사는 원룸의 문을 누가 두드리기만 해도 소름이 끼치는 것처럼, 공중화장실에 갈 때면 혹시나 카메라가 있는지 문과 벽을 확인하는 것처럼, 이 사회에서 특정 성을 가진 사람은 불안과 무섬증, 자기검열을 일상화한다. 가장 중요한 것은, 문자 하나에도 충분히 '쫄' 수 있을 정도로 이미 권력의 배치가 만들어졌다는 사실, 그것 아닌가.

나쁜 권력의 연대

《우리의 의지에 반하여》

브롱크스의 할렘 지역에서 집단 강간을 당했던 실라는 그 후에 어떻게 되었을까? 나는 앞서 소개한 책《맨박스》를 보면서 계속 그녀의 안부가 궁금했다. 발달장애를 앓던 그녀는, 아주 어린 나이부터 집단 강간의 대상이 되었다. 책에 등장하는 몇 번의 사건만이 그녀가 겪은 강간의 전부가 아니었을지도 모른다. 아마도 그녀는 그 이전과 이후 누구에게도 적절한 보살핌을 받지 못했을 테고, 이후로 임신이나 성병 같은 것으로 고생을 하게 되었을지도 모르겠다. 그리고 아마도, 그녀를 강간한 동네의 남성(어린 아이들부터 할아버지까지, 몇 명인지도 모르겠는) 중 누구도 그녀를 강간했다는 이유로 어떠한 처벌도 받지 않았을 거다. 그녀는 과연 이후에 어떤 삶을 살았을까?

도대체 페미니즘이 뭐길래

법적 용어로 강간은 '폭행 및 협박과 같은 위협적인 방법으로 상대방의 반항을 불가능하게 만들어 성교를 갖는 행위'로 정의된다. 그렇다면 실라에게 폭행이나 협박과 같은 위협적인 방법이 있었을까? 있었는지 없었는지 알 수 없다. 하지만 알 수 없다고 해서 강간이 아닌가? 흔히 말하듯이 실라가 품행이 단정치 못하고 헤프고 섹스를 밝히는 여자인 건가? 혹은 정신지체 장애가 있는 그녀에게는 그래도 되는 건가? 혹은 포르노에서 자주 보는 서사처럼 그녀도 즐기고 있었던 걸까? 법에서는 위의 정의에 한마디를 덧붙인다. "통설은 반드시 상대방의 반항을 불가능하게 하는 경우뿐만 아니라 그것을 현저히 곤란하게 하는 것도 포함한다고 해석하고 있다."

여성학 공부를 시작하며 정말 많은 책을 읽었다. 그중 읽으면서 가장 화가 났던 책은 《우리의 의지에 반하여》라는 책이다. 이 책의 부제는 '남성, 여성 그리고 강간의 역사'다. 이 책은 남성 연대의 초기 형태가 인류 초기 사냥감을 쫓던 남성들이 한 여자를 윤간하는 형태였을 것임을 밝히며 시작한다. 저자는 "남성이 자신의 성기를 두려움을 일으키는 무기로 쓸 수 있다는 사실을 발견한 일은 불의 사용과 돌도끼의 발명과 함께 선사시대에 이루어진 가장 중요한 발견으로 꼽아야만 한다"고 말한다.

강간은 당사자의 의지에 반하여 신체적으로 폭력을 가하는 일이다. 인류 역사상 여성에 대한 강간은 언제나 일어났고 심지어 국가에 의해 장려되기도 했다. 강간을 둘러싼 역사를 살펴보면 여성 인권의 발전 과정 역시 한눈에 알 수 있다. 인류 초기의 공동체에 대한 지침을 보여주는 십계명에는 '간통하지 말라'와 함께 '네 이웃의 아내를 탐하지 말라'고 강조하지만 그 어디에도 '강간하지 말라'는 말은 찾을 수 없다. 왜 그럴까? 이유는 간단하다. 부녀자에 대한 강간만 인정했기 때문이다. 여성은 성적 주체성을 가진 개인이 아니라 남성의 재산으로 취급되었고 강간 역시 여성의 성적 주체성을 뺏은 것에 대한 벌이 아니라 남성의 재산권을 침해한 것에 대한 벌로 다스려졌다. 영국에서 13세기가 되어서야 처녀뿐 아니라 모든 사람(특히 어린이)에 대한 강간을 중죄로 보기 시작했다. 하지만 이후에도 오랜 시간 동안 강간을 대하는 시선에서는 여전히 가해자보다 피해자에 관한 논의를 중심에 두었다. 피해자는 순결한가 순결하지 않은가, 결혼을 했는가 안 했는가, 격렬히 저항했는가, 혹은 평소 행실이 바른가 등으로 다툼을 벌였다.

이 책에서는 강간이 단순히 남성과 여성 사이에 일어나는 개인적 사건이나 한낱 정욕의 문제가 아니라 남성 연대가 뒤에서 받쳐주고 국가가 앞에서 끌어주면서 전 인류사를 통틀어서 발견되는 현상이라는 점을 밝혀낸다. 그것을 가장 쉽게 확인해볼 수 있는 형태는 바로 전쟁터이다. 인류 이래로 전시(戰時) 강간은 멈춘

적이 없고, 현대에도 계속 지속 중이다. 이름도 얼굴도 모르는 이에 대한 약탈과 방화, 공격과 학살, 고문과 살육으로 피가 튀기고 비명이 난무하는 그곳에서 강간은 너무나 일상적인 행위가 된다. 이에 대해 남성들은 '부도덕한 일이지만 불가피하다'고 말하고 국가는 '전쟁의 보상'이라는 이유로 침묵한다.

그렇게 강간은 국가의 방조와 암묵적 동의하에 이루어진 조직적이고 구조적인 범죄가 된다. 그것은 한 여성 개인에 대한 정복 행위가 아니다. 여성이라는 종족 전체를 향한 권력의 발현이고, 그 몸을 모욕하고 인간성을 무시하고 싶은 욕망의 추구이다. 저자는 이렇게 말한다. "강간은 전쟁이 초래한 증상이거나 전시의 극단적인 폭력을 입증하는 증거이기만 한 것이 아니다. 전시 강간은 평시에도 익숙한 이유를 구실로 삼는 익숙한 행위다."

이 과정에서 여성을 괴롭히는 것은 단순히 강간이라는 하나의 사건만이 아니다. 그것을 해석하고 범죄로 인정받고 법적인 처벌을 내리는 모든 과정이 다 투쟁의 대상이 된다. 전쟁터라는 극한 상황 속에서 일어나는 강간조차도 여성들은 절대적 피해자로 인정받지 못했다. 전쟁이 끝난 후 강간 당한 여성은 '집안의 수치'로 여겨졌고, 남편에게 버려졌으며, 동네 사람들은 마을에서 그녀를 몰아내기 일쑤였다. 저자는 인류의 전 시대별, 주제별로 강간을 나누고 강간에 대한 모든 자료를 샅샅이 뒤지면서 강간을 이렇게 정의한다. "모든 남성이 모든 여성을 공포에 사로잡힌 상태에 묶어두려고 의식적으로 협박하는 과정이 바로 강간이다."

피가 튀는 전쟁터, 어두컴컴한 밤에 갑자기 튀어나오는 낯선 사람, 익숙하지 않은 공간에서 일면식도 없는 여성을 대상으로 벌어지는 폭력적 행위만이 강간이 아니다. 우리의 일상에서 성폭력은 대부분 아는 사람에 의해서 일어난다.《그것은 썸도 데이트도 섹스도 아니다》라는 책은 3년간 32개 대학에 재학 중인 총 6,100여 명의 남녀 대학생을 대상으로 한 '미즈 프로젝트'라는 폭넓은 통계 조사를 토대로 만들어졌다. 이 조사 결과로 인해 '아는 사람에 의해 일어나는 강간'이라는 뜻의 신조어 '데이트 강간'이 탄생하게 되었다.

이전까지 그 누구도 아는 사람에 의한 성폭행을 강간이라 부르지 않았다. 그것은 일종의 성적 모험이거나 하룻밤 실수, 불장난 같은 것으로 여겨졌기 때문이다. 그렇지만 정말 그런가? 이 책에서는 여성 네 명 중 한 명꼴로 강간 혹은 강간 미수를 경험해본 적이 있다는 사실을 밝혀낸다. 그렇다면 성적 모험, 불장난은 누구의 시선인가? 그것은 누구의 경험을 비가시화하고 무화시키는가? 저자는 이렇게 말한다.

"이는 많은 여성이 정식 데이트 상대뿐 아니라 친구나 동료로부터, 혹은 직장이나 파티, 술집, 종교 행사, 동네에서 만난 사람 등

주변의 다양한 '아는' 남성들로부터 성폭력당하고 있음을 '사실'
로 밝혀냈다는 점에서 의미가 컸다."

_《그것은 썸도 데이트도 섹스도 아니다》(p.15)

그것은 사실이지만 아무도 크게 목소리 내지 않았다. '나쁜 여
자'만 강간을 당할 거라는 시선이 팽배한 사회에서 강간 피해자임
을 밝히는 순간부터 그녀들은 자신의 결백함을 더욱더 강하게 입
증해야 하기 때문이다.

이 사회의 통념은 가해자의 행위보다 피해자의 행실을 더욱 문
제 삼는다. 여성이 남성의 집에 갔거나, 차에 탔거나, 키스를 했다
면 그건 성관계를 허락했다는 의미로 받아들여진다. 남성이 여성
에게 저녁 식사나 술을 샀다면 여성은 이에 성관계로 보답해야 한
다는 생각도 여전히 숨 쉬고 있고 이것을 '암묵적 거래'라고 표현
하기도 한다. 여성의 섹슈얼리티를 언제든 거래할 수 있는 물적 요
소로 치부하는 이런 생각이 정당성을 가지고 지지받는 상황에서
여성의 강간 고발은 쉽게 의심받는다. 여성은 남성이 마음에 들지
않는 경우 그를 괴롭히기 위해 (흔히 돈을 뜯어내기 위해) 강간당했다
고 말한다는 것이다. 이러한 꽃뱀 신화는 강간을 전적으로 피해자
탓으로 돌리고 무화시키는 수단 중 하나이다. 거기에 더해서 여성
이 술을 마시거나 밤늦게 돌아다니거나 짧은 치마를 입었다면 이
모든 것이 자연스레 강간의 이유가 된다. '모든 여성은 강간당하기

를 원한다', '그녀가 원했다'라는 강간 신화는 그 자체로 또 다른 강간이 된다.

우리는 아무도 차에 치인 사람에게 "길거리를 돌아다니니까 차에 치일 만하지"라고 말하지 않는다. 지갑을 도난당한 사람에게 "왜 예상하지 못했느냐"고 행실을 따지지도 않고, 협박 당해 어쩔 수 없이 돈을 내준 은행 직원에게 "왜 돈을 빼앗겼냐"고 탓하지 않는다. 범죄는 오로지 '가해자가 나쁜 행위를 저지르기로 결정했기 때문에 발생하는 일'임을 알기 때문이다. 그런데 강간은 왜 아닌가? 그 결과는 다음과 같은 통계로 이어진다. 강간 피해자의 42%는 누구에게도 피해 사실을 알리지 않았고, 5%만이 경찰에 신고했으며, 5%만이 성폭력상담소에 도움을 요청한다. 강간 범죄와 관련된 수많은 현장에서 강간과 성폭력을 둘러싼 모든 제도와 담론이 철저히 남성 중심적으로 편향되어 있음은 지금도 어렵지 않게 확인할 수 있다.

우리나라에서 강간이 죄가 된 것은 이제 막 25년이 넘었다. '나는 사람이 아닌 짐승을 죽였다'던 김부남 사건이 계기가 되어 1994년 성폭력 범죄에 관한 특별법이 제정되었다. 그럼에도 여전히 강간 신고는 전체 사건의 10%도 되지 않는다고 추정되고, 그나마 소수점 이하의 비율만이 재판을 받는다. 재판에서 유죄 판결을 받는 사람은 그보다 더 적다. 기혼 여성은 여기서도 사각지대에 놓여왔다. 기혼 여성이 다른 남성과 한 간통에 대해서는 인류 초기부터 엄하게 다스려졌지만(돌에 맞아죽었다) 남편이 흉기로 아내를 위협하고 구타하고 강간을 하는 것이 죄가 된 것은 채 10년도 되지 않았다. 전 세계적으로 '아내 강간'을 인정한 것은 2011년, 우리나라는 2013년에서야 비로소 죄로 받아들였다. 강간이야말로 가부장제의 역사와 젠더 차별적 사회의 모순을 보여주는 징표이자 여성 인권의 현주소를 볼 수 있는 바로미터인 것이다.

그렇다면 왜 남성은 강간을 저지르는 것일까? 파트너를 공포에 사로잡힌 상태로 묶어두고 의식적으로 협박하면서 관계를 갖는 데 희열을 느끼는 사람이 그렇게 많은 걸까? 강간은 그들만의 리그에서 인정받기 위한 '남성성과 거친 기질의 과시'인 걸까? 영화 〈싸이코〉처럼 억압적 어머니 아래서 성장한 남성의 무의식적 분노가 폭발한 것인가? 프로이트의 설명대로 오이디푸스 콤플렉스를 지닌 발기 불능의 동성애자여서 그런 것인가? 그 폭력의 무의식과 방조에는 무엇이 있는 걸까?

독서 모임을 할 때마다 우리는 머리를 쥐어뜯곤 했다. 그들은 왜 그런 짓을 하는지 골똘히 생각하곤 했다. 결국 우리는 이유가 없다는 결론을 내렸다. 권력이 그런 것 아닌가? 아무런 이유 없이 다른 인간을 공포에 사로잡힌 상태에 묶어둘 수 있는 것, 아무 이유 없이 그 사람이 원하지 않는 행동을 내 마음대로 할 수 있는 것,

그것에 대한 처벌과 사회적 낙인까지도 피해자가 감수해야 하는 것. 그것이 바로 '권력'이라는 거다. 권력이 없는 자들만이 이유를 궁금해하고 마음을 졸인다. 자신의 몸 매무새를 따지고 행실을 바로 하고, 낯선 사람을 따라가지 않고 밤길을 피한다. 하지만 권력을 가진 자들은 이유를 궁금해하지 않는다. 그들은 그저 할 수 있으니까 하는 것뿐이다.

　거기에는 권력을 가진 다른 자들과의 연대가 있다. 이것이 강간 문화를 가능하게 하고 용인하는 사회적 시스템이다. 강간과 성폭행을 연애와 사랑의 일반적이고 평범한 과정인 양 소비하고, 미디어와 언론은 강간을 각종 선전과 선동에 활용하며 이들을 '정상적'으로 보이게 한다. 여성의 신체를 쾌락거리로 소비하며 그것이 자유시민의 권리라고 주장하기도 한다. 포르노가 실질적인 성교육 교재로 쓰이며, 피해자를 검증하고 낙인찍는 현실도 여전하다. 강간이 법제화된 역사부터 무엇이 강간인지에 대한 정의, 강간으로 인정되는 범위에 대한 문제, 어떤 것이 위력이고 위력이 아닌가를 둘러싼 해석 등, 강간과 폭력의 관계는 모두 피해자와 가해자를 둘러싼 인정 투쟁으로 연결된다. 실라의 문제는 끝나지 않았다. 강간을 둘러싼 모든 문제는 아직도 진행 중이다.

여성 혐오 3종 세트

《여성 혐오를 혐오한다》

"계집애같이 그게 뭐냐."

"그런 건 여자애들이나 하는 거지."

"남자는 성공만 하면 돼. 여자는 저절로 따라오게 되어 있어."

"여자는 남자만 잘 만나면 되는 거야."

이런 이야기를 들을 때마다 이상했다. 계집애같이 그게 뭐냐고 하면 계집애인 나는 뭐가 되는 걸까? 그런 건 여자애들이나 하는 거면 그런 것만 하게끔 강제되는 나는 뭔가? 남자는 왜 성공만하면 여자는 저절로 따라온다고 생각하는 걸까? 왜 남성들은 자신의 성관계 경험을 자랑거리로 여기며 묻지 않아도 떠벌리고 다니는데, 여성에게 성관계는 숨겨야 하는 것이거나 부끄러운 것,

혹은 폭력의 기억이 될까?

내가 대학을 다니던 20년 전, 우리 과 남학생들은 대놓고 지나가는 여자들의 점수를 매기곤 했다. 쟤는 가슴은 B인데 엉덩이가 A다, 쟤는 성격과 다리가 A라서 합격이다, 이런 이야기들. 복학생이 돌아왔을 때는 군대에서 하던 축구 이야기만큼이나 다양하고 많은 성매매에 관한 이야기를 들었다. 사회에 나오자 여기저기서 룸살롱 소식을 들었다. 숨 쉴 때마다 새어나오는 양주 냄새와 함께 그들은 킥킥대며 낮은 목소리로 어제의 '2차'에 대해 떠들곤 했다. 나는 아무것도 들리지 않는 사람처럼 딴 곳을 보거나 조용히 자리를 떴다.

지금 이 글을 쓰고 있는 2019년은 유명 가수가 운영하는 클럽에서 벌어진 성폭력에 관한 이야기로 연일 시끌시끌하다. 몰래 카메라와 약물, 성상납, 성폭력, 불법 동영상 촬영 및 유포까지 그 범위만도 어마어마하다. 여기에 고위 정치인의 조직적인 성상납과 몇 년 전 고인이 된 어느 여성 연예인의 자살과 관련한 리스트와 석연치 않은 수사 과정까지, 이 모든 것은 사실 같은 카테고리로 묶일 수 있다. 여성의 섹슈얼리티를 매개로 하는 남성 연대의 확인. 그 끝이 보이지 않을 정도의 거대한 강간 문화가 이제야 조금씩 수면 위로 올라오고 있다. 강간 문화는 도대체 어떻게 만들어진 것이고 어떤 식으로 우리 시대에 작용하는가?

《여성 혐오를 혐오한다》의 저자이자 도쿄대 교수인 우에노 치즈코는 호모소셜-호모포비아-미소지니(여성 혐오)라는 말로 '여성 혐오 3종 세트'를 설명한다. 호모소셜이란 '남성 간 유대'를 의미한다. 그리고 이 남성 간 유대는 동성애를 병적으로 싫어하고 미워하는 호모포비아에 의해 유지된다. 그리고 호모소셜한 남자가 자신의 성적 주체성을 확인하기 위해 이용하는 장치가 바로 '여성을 성적 객체화'하는 것이다. 풀어서 설명하면 이렇다. 남성 간 유대와 성적인 유대는 너무나 아슬아슬한 경계에 걸쳐 있다. 그런데 이 집단에서는 오직 남성만을 성적인 '주체'로 인정하기 때문에 서로를 성적인 '대상'으로 바라보는 것은 금기시된다. 즉, 동성애 금기가 발생하는 것이다. 그리고 이들은 자신들을 주체로 할 객체를 만들어낸다. 바로 여성이다. 그래서 남성들은 여성을 타자로 대상화하고 멸시하면서 자신이 그들과 같지 않음을, 즉 '여자 같은 남자'가 아님을 끊임없이 증명해냄으로써 자신의 남성성을 과시한다.

우에노의 말에 따르면, 이런 남성 연대는 '여성의 성적 객체화를 서로 승인함으로써 성적 주체 간의 상호 승인과 연대'로 성립한다. 이 남성 연대에서는 '자기 여자를 (적어도 한 명 이상) 소유하는 것'이 성적 주체가 되기 위한 첫 번째 조건이다. 즉, '남자다움'은 한 여자를 자기 지배하에 두는 것으로 담보되는 것이다. 남성은 결혼해야 비로소 진짜 '남자'가 되었다고 인정받고, 자기 마누라 하나 휘어잡지 못하면 '남자도 아니다'라는 판정 기준은 지금도 살아 숨 쉰다. 여성에게는 오직 대상의 위치만이 할당될 뿐 절대 남성과 동등한 성적 주체로 인정되지 않는다. 우에노는 이런 남성 유대를 위한 성적 타자화를 '여성 혐오'라고 지적한다. 서로를 남성으로 인정한 이들의 연대는, 남성이 되지 못한 이들과 여성을 배제하고 차별화함으로써 성립하는 것이다.

이 책이 한국에 출판되면서 다양한 논쟁이 있었다. '미소지니'를 '여성 혐오'로 번역하면서 그 혐오의 구조적 문제보다 '여성 혐오'의 대립항으로 '남성 혐오'를 보여지게 만들었다는 것이 대표적이다. 위에서 설명한 것처럼 여성 혐오는 여성과 남성이 대립적이고 동등한 상태에서 이원항으로 작동되는 시스템이 아니다. 그럼에도 여성 혐오라는 말은 그 대립항에 남성 혐오를 둠으로써 여성과 남성을 동등하고 대립 가능한 양성으로 인식하게 한 것이다.

이 책의 이론적 틀을 가져온 이브 세즈윅(미국의 영문학자로 19세기 영국 문학을 연구하며 처음으로 여성 혐오라는 개념을 사용했다)이 특히 주목한 것은 이성애 남성 집합체에 존재하지 않아야 할 동성애적 욕망이다. 여성 혐오를 통한 남성 연대가 나타나는 근본적 원인은 바로 동성애 공포 혹은 동성애 혐오다. 프랑스의 철학자 미셸 푸코는 호모포비아의 원인을 '삽입하는 이'와 '삽입 당하는 이' 사이, 즉 성행위의 비대칭성에서 찾았다. 여기서 비대칭성은 페니스의 유무라는 해부학적인 차이를 가리키는 것이 아니다. 능동과 수동의 관계, 즉 성적 주체가 되는가 성적 객체가 되는가 하는 비대칭성 속에서 '여성의 위치를 점하는 것'에 대한 낙인이 바로 호모포비아의 근거가 된다. 그들은 동성애자를 남성의 '여성화'라고 부른다(흔히 듣는 '계집애 같다'는 말이다). '남성됨'이라고 하는 스스로의 성적 주체성을 침범당할 위험을 조금도 느끼지 않으면서 타자를 성적으로 제압하기 위해 가장 무력하고 취약한 상대를 고른다. 그리고 자신의 혐오에 대한 원인까지 유발했다고 상대에게 덮어씌운다. 그들은 그렇게 자신들만의 연대, '호모소셜'을 다지게 된다.

세즈윅이 동성애 혐오에 논의의 초점을 두었다면 치즈코는 여성 혐오에 좀 더 초점을 둔다. 그로 인해 남성들만이 여성 혐오를 하는 게 아니라 지금 현대 사회의 여성들 또한 자신의 내면화된 여성 혐오를 발견할 수 있도록 도와준다. 보부아르가 여성은 여성으로 태어나는 것이 아니라 만들어지는 것이라고 했다면, 여성이 된다는 것은 곧 여성 혐오적인 문화를 받아들인다는 의미일 것이다. 여성들은 스스로를 혐오하고 멸시하며 사회가 원하는 '여성'이 된다.

그렇다면 남성들은 왜 여성이라는 타자를 통해 자신의 주체성을 확립하는가? 나는 이 질문에 대한 답을 치즈코의《여자들의 사상》에서 찾았다. 그녀는 이 책에서 에드워드 사이드의《오리엔탈리즘》를 빌려 남성이 어떻게 자신의 주체성을 확립하는지 설명한다. 오리엔탈리즘은 동양에 관한 지식이 아니다. '동양이란 무엇인가에 관한 서양의 지식'이다. 사이드는 이 책을 통해 서구 근대의 정체성이 오리엔트(동양)라는 부정적 타자를 매개로 구성되어 있음을 밝힌다. 그는 서구인들이 오리엔탈리즘이라는 인식론적 틀을 통해 서양을 '남성적, 이성적, 강인함, 능동적'인 것으로, 동양을 '여성적, 감정적, 나약함, 수동적'인 것으로 구분해 동양을 지배하고 재구성했다고 지적한다. 이에 치즈코는 이것을 남성과 여성으로 바꿔 읽어도 맥락이 통한다고 말하며, 남성 중심 담론 속에 존재하는 여성상은 단지 허상에 그치는 게 아니라 남성을 주체화하는 데 꼭 필요한 타자였음을 지적한다. 즉, 오리엔탈리즘에 젠더를 대입하여 '남성됨'은 열등한 타자로 구축된 담론이자 지배 관계에 관련된 권력임을 지적한다.

흑인은 언제부터 흑인이 되었을까? 이렇게 질문한다면 어리둥절한 표정으로 '그들은 처음부터 흑인으로 태어났다'고 말할지도 모르겠다. 하지만 흑인들이 아프리카에만 모여 살던 시절, 그들은 스스로를 '흑인'으로 부르지 않았다. 그곳에서 그들은 그저 '인간'이었을 뿐이다. 그들이 흑인이 된 것은 백인이 무력으로 그곳을 침입해 피부색으로 인간을 구별하는 '인종'이라는 개념을 만들어냈을 때부터이다. 즉, 백인종들은 '백인이 아닌 이'를 배제함으로써 '백인됨'을 정의하기 시작한다. 역사적으로 말하면 '인종', '흑인', '황인'이란 개념은 민족, 국가라는 개념처럼 제국주의의 발달과 함께 탄생한다. 백인은 흑인, 황인이라는 타자를 통해 자신이 '백인'임을 증명해내는 것이다.

남성도 마찬가지다. 자신이 '여자 같지 않음'을 끊임없이 증명해내는 과정은 백인이 '백인됨'을 획득하는 과정과 다르지 않다. 남성이 남성으로서 성적 주체화를 달성하기 위해서는 자신을 구별시킬 타자가 필요하다. 그렇게 남성은 '여성 혐오', 즉 '여성 멸시'를 아이덴티티의 깊은 곳에 위치시킨다. 치즈코는 이에 대해 이렇게 말한다.

> "서로를 남성으로 인정한 이들의 연대는, 남성이 되지 못한 이들(게이)과 여성을 배제하고 차별화함으로써 성립한다. 호모소셜리티가 여성의 차별뿐만 아니라 경계선의 관리와 끊임없는 배제를 필요로 한다는 사실은 '남성됨'이 얼마나 취약한 기반 위에 서 있는가를 역으로 증명한다."
>
> _《여성 혐오를 혐오한다》 (p.37)

여성을 동등한 인간이 아닌 단순한 성적 대상으로 폄하하는 행위와 동성애 혐오를 통해 남성들은 서로의 남성성이 동일함을 확인하고 결속력을 다진다. 이것은 여성을 얼마나 대상화했나, 동성애를 얼마나 혐오했느냐에 따라 얼마나 '강한 남성'인지를 증명하는 형태로 드러난다. 여성의 섹슈얼리티를 매개로 친화력을 따지고 여성에 대한 성적 대상화가 남성성의 증명이 되는 사회에서 남성이 주체성을 내보이는 방법은 (잠재적으로나 가시적으로나) 폭력일 수밖에 없다. 그것이 일반적으로 범용되고 이해될 때 우리는 그것을 문화라 부른다. 강간 문화는 그렇게 탄생한다. '호모소셜-호모포비아-미소지니'가 평범하고 일상적인, 나아가 규범화된 문화가 바로 강간 문화인 것이다.

치즈코를 읽으며 나는 이 사회를 조금 더 깊숙이 들여다보는 안경을 하나 갖게 된 것 같았다. 더 이상 '이 모든 게 가부장제 때문이다'라거나 '여성은 피해자다'와 같은 차원의 문제로 지금의 사회를 바라볼 수 없겠다는 생각이 들었다. 지금 있는 현상은 유구한 역사와 인식 문화가 지금 이 현실에서 만나는 '사건'일 뿐, 그 사건을 제대로 이해하기 위해서는 그것을 새롭게 볼 틀이 필요하다. 그럴 때 '여성 혐오 3종 세트' 같은 것은 그동안 보이지만 보이지 않았던 것들을 명쾌하게 설명해주는 안경과 같은 역할을 한다. 그것을 바라보는 과정이 너무 낯설어서 가끔 현기증이 나기도 하지만 치즈코는 그 현기증을 이겨 낼 수 있도록 도와준다.

이 책을 읽으며 나는 내가 얼마나 가슴 깊이 '여성 혐오'를 매개로 작동하는 가부장을 내면화해왔는지 깨닫게 되었다. 내가 왜 페미니즘을 공부하기 두려워했는지, 왜 세상에 겁을 먹었는지, 왜 싸워보기도 전에 지레 포기했는지, 왜 그토록 논리로 바락바락 이기고 싶었는지 이해하게 되었다. 결국 페미니즘이라는 안경은 세상을 제대로 보기 전에 나를 더 잘 보게 해주었고 그렇게 나를 바라보는 과정에서 우울증이 사라졌다. 의문시하고 불편하고 위화감을 느꼈지만 해결되지 않았던 많은 문제들에 대해 직면하게 되었다. '나만 참으면 돼'라고 생각하면서 지나왔던 시간들과 그 시간동안 몸으로 느껴지던 죄책감과 수치심을 더 이상 외면하지 않게 되었다.

이제 나는 적어도 내가 왜 그런 감정을 느꼈는지 안다. 단지 그것뿐인데도 이상하게 편안해졌다. 이 감정들을 나만 느끼는 게 아니라는 것을 깨닫자 위로가 되었고, 오래전부터 이런 문제들이 숱하게 있어 왔으며 그보다 더 숱하게 많은 이들이 그에 어떻게 저항해왔는지를 배우며 힘이 났다.

지난날 나는 아이가 잠들기만을 손꼽아 기다리곤 했다. 아이가 잠들면 홀로 주방에 앉아 멍하니 술을 마시기도 했다. 그러면 뭔지 모를 가슴속의 화가 좀 꺼지는 것 같았다. 가끔은 옆집 엄마와 수다를 떠느라 하루를 다 보내기도 했다. 그 시간이 팍팍한 내 삶의 유일한 탈출구로 느껴졌다. 어디에도 마음 붙일 곳이 없을 때면 정신과와 심리 상담실을 검색하고 수십 번도 넘게 전화기를 만지작거렸다. 미쳐버리고 싶지만 미쳐지지 않았기에 미쳐가고 있는 중일지도 모른다고 생각하기도 했다. 어쩌면 그때 나에게 필요한 것은 심리 치료실이 아니라 페미니즘 책이 아니었을까.

2

페미니즘 고전을 다시 읽다

나는 왜 쓰는가

《자기만의 방》, 《나혜석, 글 쓰는 여자의 탄생》

대학원을 다니며 꿈속에서도 수업을 듣고 책을 읽고 쪽글을 쓴다. 물론 잠에서 깨면 다 까먹는 게 문제이지만. 내가 듣고 있는 모든 수업은, 수업이 시작하기 전 그날 다룰 텍스트를 먼저 읽고 짧은 과제물을 제출해야 하는데, 때때로 나는 늦은 밤 모니터 앞에 앉아 한 줄도 쓰지 못한 채 혼자 맥주를 홀짝이며 '이 나이에 내가 왜 학교라는 곳을 다녀서 이 고생을 하는지 모르겠다'며 스스로를 원망한다. 당장 수업은 내일이고, 아이들은 간신히 잠이 들었고, 아직 내일 배울 텍스트조차 읽지 못했는데 이 밤엔 모두 잊고 그저 잠들고 싶다. 어쩌면 나는 글이 쓰기 싫어서 이러고 있는지도 모른다. 글을 쓴다는 건 너무 힘들고 너무 어렵고 너무 모르는 게 많고 시간도 너무 오래 걸리는 데다가 에너지도 너무 많이 필요한,

정말 '너무한' 일 투성인데 결과물은 터무니없이 마음에 들지 않으니까 말이다. 그럼에도 불구하고 나는 쉼 없이 읽고 쓴다. 이렇게나 괴로운데 나는 왜 계속해서 읽고 쓰는 것일까?

'읽고 쓴다는 것'은 어쩌면 그 자체로 금단의 열매가 아니었을까 생각하곤 한다. 성경에서 아담과 이브가 에덴동산에서 쫓겨나게 된 건 '선악과'를 먹었기 때문이다. 무엇이 옳고 그른지, 무엇이 부끄러운 일인지 알게 되었다는 뜻이다. 앎은 곧 지식이고, 지식은 읽고 쓰는 행위를 통해 이어진다. 문명 이후 '안다는 것'은 곧 권력으로 연결되었다. 문자가 생겨난 이후 권력층만이 그것을 읽고 쓰는 교육을 받았으며, 그들이 세상을 통치할 때 사용한 도구가 언어였다. 그 말은 곧 피억압자에게는 언어가 필요 없었다는 얘기이다. 고대에는 지식을 소유한다는 것이 극소수에게만 허용된 아주 특별한 사치였다. 인류는 5세기부터 책을 읽기 시작했지만 양피지에 베껴 쓴 소량의 책들을 볼 수 있는 사람은 극히 일부였다. 지식을 담은 책을 만드는 것은 대단한 노고를 필요로 하는 수작업이었고, 그것을 감당할 만한 재화를 지닌 사람만이 책을 소유할 수 있었다.

15세기 구텐베르크가 활판 인쇄술을 발명하고 인쇄 기술에 혁명이 일어난 이후에야 대중들도 책을 살 수 있었다. 그럼에도 지식을 대중화한다는 것은 쉽지 않은 일이었다. 특히나 여성이 책을 읽

페미니즘 고전을 다시 읽다

거나 지식을 쌓는 것은 '천성'을 거스르는 일로 여겨 엄격히 금지되었다. 13세기부터 21세기까지 독서의 역사를 추적하고 있는 책, 《책 읽는 여자는 위험하다》에서는 역사적으로 여성의 책 읽기가 남성에게는 위협의 요소로 다가왔다고 말한다. 책이 여성들의 현실을, 얽매여 있던 굴레를 벗어던지고 무한한 가능성의 세계를 갈망하게 만들었기 때문이다. 책 읽기를 통해 다른 세계가 있다는 사실을 알고, 더 나은 세계를 상상하게 되는 순간부터 여성들은 위험한 존재가 되었다. 그래서일까. 책 읽기는 오랫동안 여성에게 금기 사항이었다. 여성에게 원하는 것을 당당하게 읽을 수 있는 자유가 생기기까지는 수백 년의 시간이 필요했다.

16세기 무렵 여성들은 열여섯 시간 동안 노동에 시달리면서 평균 열 명 정도의 아이를 낳았다. 20세기 최고의 발명품이라는 세탁기도 없었고, 청소기도 없었고, 보일러도 없었다. 여성들은 거의 모든 시간을 빨래와 요리와 군불을 떼는 데 보내야 했고, 당연히 교육받지 못했다. 대부분 문맹이었으며 간신히 글을 배웠다 하더라도 글을 쓰는 것을 비웃는 사람들의 시선에 맞서야 했다. 버지니아 울프는 '16세기에 태어난 위대한 재능을 가진 여성은 틀림없이 미치거나 총으로 자살하거나 마을 변두리의 외딴 오두막에서 절반은 마녀, 절반은 요술쟁이로 공포와 조롱의 대상이 되어 일생을 끝마쳤을 것'이라고 말한다. 그 시대 대부분의 여성은 지지리도 가난했으며 자기만의 방을 가지지 못했다. 극히 드물게 글을 쓰는 여성들도 있었다. 그녀들은 쉽게 찾아보기 힘든 훌륭한 남성들과 결혼해 글을 쓸 수 있었음에도 불구하고 대부분 민감하고 우울한 공작부인으로 생을 마쳤다.

그런데 18세기 말부터 변화가 일어났다. 중산층 여성들이 글을 쓰기 시작한 것이다. 예민한 감수성을 가진 그녀들은 시와 산문을 쓰고 남자의 이름을 빌려 발표하곤 했다. 그렇지만 남자의 이름으로 발표한 그들의 글을 보고도 세간에서는 '감히 여자가 글을 쓴 것 아니냐'며 불편한 심기를 드러냈고 그들은 그런 시선에서 결코 자유로울 수 없었다. 19세기에 이르러 제인 오스틴과 에밀리 브론테, 샬롯 브론테와 조지 엘리엇이 나타났다. 그들은 중산층이었고, 글을 썼고, 자신의 글로 수입을 창출했다. 비록 거실에서 설거지를 끝내고 감자를 뒤적이면서 혹은 청소를 하는 중간에, 온갖 종류의 일상적인 방해를 받긴 했지만 그들의 글은 살아남아 많은 이들에게 사랑을 받았다. 그렇다고 세상이 여성의 글쓰기에 우호적으로 바뀐 건 아니었다. 여성이 글을 쓰는 데는 여전히 사회적 편견과 냉대가 따랐다. 지금으로부터 불과 120년 전, 버지니아 울프가 쓴 《자기만의 방》은 울프가 그 지역 대학의 도서관에 들어가지 못하고 쫓겨나는 장면으로 시작한다. 새로운 세기가 밝았지만, 당대 최고 수준의 지적 교육을 받았다는 울프마저 여성이라는 이유로 대학 도서관에 들어갈 수 없었다. 울프가 살던 시절만 해도 여성이 글을 쓰지 못하는 이유는 정치·사회·문화·역사적으로 충분했다.

외국의 여자들만 그렇게 글을 쓰기 힘들었을까? 우리나라의 사정도 그리 다르지 않다. 5,000년이 넘는 우리 역사에서 글을 썼던 여성을 떠올려보자. 대표적인 사람이 허난설헌, 신사임당, 황진이 정도다. 그들의 삶 또한 심난하긴 마찬가지다. 신사임당은 빼어난 글과 그림 솜씨를 가진 예술가라기보다 조선의 대학자 이이의 어머니로 자리매김되었다. 허난설헌은 결혼 후 고된 시집살이와 무능하고 그릇이 작은 남편의 끊임없는 냉대로 고통받다가 스물일곱 살의 젊은 나이에 죽었다. 그녀가 후세에 알려지게 된 것은 남동생이자 《홍길동전》의 작가 허균 덕택이다. 천재적 재능을 가진 누이의 비상한 시들을 아까워한 허균이 그녀가 친정집에 놓고 간 시들과 자신이 암송한 시들을 모아 시집을 냈기 때문이었다. 또 다른 글 쓰는 여자 황진이는 유교적 기준에 들어맞지 않는 여성이었다. 여성의 현실적 삶이 '시집'이라는 테두리 안에 한정되고, 현모양처가 되어야 한다는 규범에 매여 있던 당시 여성들과는 다르게 그녀는 '기생'이었기에 역설적으로 남성들과 함께 학문과 글에 대해 논할 수 있었다.

전 우주가 여성이 글을 쓰는 것을 방해하는 시대에 왜 그들은 글을 썼을까? 아니 왜 써야만 했을까? 우리나라에도 근대의 시작과 함께 최초의 신여성이 나타나기 시작한다. 그 제일 앞줄에 나혜석이 있다. 식민지 한국에서 태어나 일본에서 교육을 받고 유럽으로 세계여행까지 떠난 여성. 우리나라 최초의 서양화가이자 1세대 여성 문인. 그렇지만 그녀를 더 유명하게 만든 건 끊임없는 스캔들이었다. 그녀는 그녀 자신의 표현대로 열여덟 살 때부터 무려 20년간 어지간히 남의 입에 오르내렸는데 대략 이런 것들 때문이었다. 남편과 결혼하고 예전 애인의 무덤가로 신혼여행을 간다든가, 세계여행을 떠나면서 남편의 친구와 연애를 한다든가, 자신의 이혼에 대해 공개적으로 말하는 '이혼 고백장'을 발표한다거나, 성차별적 정조 관념을 대놓고 비판한다는 등의 일들로 말이다. 그녀는 자신을 둘러싼 소문들에 대해서 직접 사정을 밝히고 의견을 주장했다. 화가이자 문인으로 자리매김하려 했던 그녀는 이혼과 더불어 모든 사회적 장에서 외면당했으며 결국 길거리에서 행려병자로 죽음을 맞았다. 나는 페미니스트 하면 나혜석이 제일 먼저 떠오르곤 했는데, 페미니스트가 되기 싫은 이유도 나혜석이 제일 먼저 생각나서였다. 누군가의 말마따나 나혜석처럼 살고 싶기는 했지만 나혜석처럼 죽고 싶지는 않았다.

그녀는 지금 100년을 앞서 산 페미니스트로 재평가되고 있다. 나는 그것이 그녀가 글을 썼기 때문이라고 생각한다. 《나혜석, 글 쓰는 여자의 탄생》이라는 책의 서문을 쓴 장영은 박사는 그녀를 가리켜 '자기 삶을 스스로 이야기하는 여성의 탄생'이라고 말한다.

"나혜석은 자신이 다치게 되더라도 직접 글을 쓰는 길을 선택했다. 당장 제대로 읽히지 않는다 할지라도 진실을 직접 밝히겠다는 나혜석의 의지가 오늘날 그녀를 근대 여성 지식인의 원류로 평가받게 했다. 그렇기에 그녀는 충분히 합당한 역사적 지위를 되찾아야 한다."

_《나혜석, 글 쓰는 여자의 탄생》 (p.10)

글을 쓰는 일은 밀실 속에서 혼자 하는 행위일지 모르겠지만 그 자체로 사회적 실천이다. 글을 통해 자기 존재를 증명하고, 다른 이들과 소통하며, 그것이 세상을 향한 무기가 된다. 나혜석은 우리 사회에서 여성은 '칼날을 쥔 상태'이고, 남성이 '칼자루를 쥔 상태'라고 표현했다. 그 표현대로라면 칼날을 쥔 상태에서 피로써 글을 남기는 것만이 세상을 향한 그들의 유일한 무기였던 것은 아닐까.

하이데거는 "언어는 존재의 집"이라고 했다. 프란츠 카프카는 "그 이름을 정확하게 불러야 그 삶이 우리에게 온다. 그것이 삶이라는 마술의 본질이다"라고 했으며, 석지현의 능엄경 해설에서는 "우리가 사는 세상에서는 언어를 통해 모든 것이 명확해진다. 그러나 사람들이 언어를 제대로 사용할 줄 모르기 때문에 오히려 그 언어로 인하여 고통을 받는다"라고 이야기한다. 루드비히 비트겐슈타인은 "하나의 언어를 머리에 떠올리는 것은 하나의 삶의 형

식을 떠올리는 것이다"(《개구리를 위한 글쓰기 공작소》에서 재인용)라고
말한다. 이 위대한 철학자들이 공통적으로 말하는 것은, 언어는
곧 세계이고 철학이라는 것이다. 쓴다는 것은 그 철학을 실천하는
행위이다. 개인에게는 치유의 행위이자 세상을 바라보는 틀이고
세상을 전복할 수 있는 무기이기도 하다. 페미니즘이 인식론이라
고 할 때 나는 그것이 언어를 통해 매개되는, 언어에 대한 해석이
자 투쟁이라고 생각한다. 페미니즘은 젠더에 대한 새로운 인식을
가능하게 하고, 언어를 통해 기존의 프레임을 깰 수 있는 지식과
담론을 만들어가는 과정인 것이다.

버지니아 울프 또한 언어의 치유와 전복, 해방성을 염두에 둔
것이 아닐까. 그녀는 여성들이 쓰기를 원했다. "나는 여러분에게
아무리 사소하거나 아무리 광범위한 주제라도 망설이지 말고 어
떤 종류의 책이라도 쓰라고 권할 것입니다. 무슨 수를 써서라도
여행하고 빈둥거리며 세계의 미래와 과거를 사색하고 책들을 보
고 공상에 잠기며 길거리를 배회하고 사고의 낚싯줄을 흐름 속에
깊이 담글 수 있기에 충분한 돈을 여러분 스스로 소유하게 되기를
바랍니다."(《쓰기의 말들》에서 재인용)

왜 그녀는 이렇게나 여성들의 글쓰기를 강조했을까. 그녀는
쓰는 행위가 가능하기 위해서는 경제력과 사유할 수 있는 공간이
필요함을 간파했다. 지식의 생산과 담론은 언어만을 통해 이루어

질 수 있고, 그것을 실현하기 위해서는 사유할 수 있는 시간과 장소가 절대적으로 필요함을 알기 때문이다.

21세기가 된 지금은 어떤가. 여자들은 남자와 동등하게 교육받는다. 남자들만의 성역도 무너지고 있다. 학계와 문학계도 이미 여성이 절반을 차지하게 되었다. 여성 작가가 국민 작가로 사랑받는 시기를 지나, 이제는 책이라는 게 소설이나 시뿐 아니라 개인의 노하우나 지식을 알려줄 수 있는 수단이 되었다. 버지니아 울프의 바람대로 여성도 주부도 얼마든지 책을 쓰고 돈도 벌 수 있게 된 것이다.

새로운 세상은 여성에게 말한다. 열정과 의지만 있다면 너를 향한 문은 열려 있다고. 그 문을 열지 못하고 나가지 못하는 건, 순전히 너의 게으름 때문이라고. 그렇지만 하루하루 급박하게 해야 할 일을 넘기고 글을 쓰려고 하면 아무 생각도 나지 않는다. 나는 멍하니 모니터만 바라보다가 이런 생각을 하게 되는 거다. 책은 무슨, 글은 무슨. 무슨 부귀영화를 누리겠다고 이 나이에 공부람. 18세기까지 여성이 사회적 편견과 싸워야 했다면, 지금은 자기 자신과 싸워야 한다. '넌 정희진 선생님처럼 될 수 없잖아'라는, 내면에서 들리는 나의 목소리.

그럼에도 나는 왜 쓰는가?《나는 왜 쓰는가》에서 조지 오웰은 글쓰기의 이유를 네 가지로 말한다. 첫째, 순전한 이기심, 둘째, 미학적 열정, 셋째, 역사적 충동, 마지막으로 정치적 목적. 나는 어떤가? 유명해지고 싶은 욕구도 없고, 세상에 길이 남을 명작을 쓰겠다는 미학적 열정도 아니고, 글로써 돈을 벌지도, 명예를 얻을 것 같지도 않은 나는 왜 글을 쓰는가.

나는 나의 경험을 해석하기 위해 글을 쓴다. 나의 경험들이 나만의 개인적 정체성의 선택에 의한 실천이 아니라 사회문화적 맥락과 내가 만나는 장이었음을 이해했기 때문이다. 쓸모없어 보이는 이 해석의 과정이 전적으로 나에게 필요한 시간이라고 믿기 때문이다. 나의 서사를 내가 다시 쓰는 가운데 그 과정에서 내가 얼마나 큰 힘을 가질 수 있는지, 아니 얼마나 큰 힘을 가지고 있었는지 인식할 수 있게 해준다. 그 힘을 인식하는 순간 나는 다른 세상을 상상할 수 있게 된다. 세상은 여자에게 글쓰기를 허락하지 않았지만 글쓰기를 하는 사람들에 의해 세상은 달라져왔다. 그렇게 본다면 세상에서 가장 위험한 것은 지식과 언어, 특히나 페미니즘으로 보인다. 이것들은 기존의 가치관에 균열을 내고 통째로 뒤엎을 수 있는 가능성을 지닌 것들이기 때문이다. 그렇게 나는 위험한 여자가 되기 위해 오늘도 쓴다.

가부장제를 고발합니다

《가부장제의 창조》

나는 서른에 결혼했다. 빠른 나이인지 늦은 나이인지 모르겠지만 당시 우리 부모님은 엄청나게 늦었다고 야단이었다. 두 살 어린 여동생이 먼저 결혼해 아이를 가진 영향도 있었을 것이다. 여느 부모님이 그러하듯 우리 부모님 역시 왜 결혼을 빨리 하지 않느냐고 성화였고 나는 왜 결혼을 해야 하는지 잘 납득이 되지 않았다. 결국 여자 나이 서른을 넘기면 안 된다는, 지금 들으면 헛웃음만 나오는 주변의 협박과 회유와 잔소리에, 지겨운 마음 반 포기하는 마음 반 그리고 한편으로는 정말 그럴지도 모른다는 불안감과 지금의 남편(당시 남자친구)보다 더 좋은 사람이 없을지도 모른다는 조바심 등등 다양한 마음들이 합해져서 서른이 끝나기 한 달 전에 결혼식을 올렸다. 이후에도 패턴은 비슷했다. 왜 아이를 낳아야 하는지도 모른 채 아이를 낳았고 자연스레 육아와 양육이 이어졌다.

그 모든 것은 당연히 내 선택이었지만 시간이 지날수록 의심스러웠다. 과연 나의 선택이 온전히 '나 혼자'만의 선택인가? 우리는 온전히 개인의 판단으로 행동을 선택하는가? 개인의 선택과 감정이라고 하는 것들은 사실 그 사회의 문화에 따라 코딩되는 것 아닌가? 나는 내 선택의 원인을 알고 싶었다. 결혼을 선택하고 출산을 선택하고 육아를 선택하게 된 그 무의식적 코드를 따져 묻고 싶었다.

어린 시절부터 달달달 들어왔던 모든 동화의 끝은 "두 사람은 결혼해 행복하게 살았습니다"였다. 결혼만 하면 그 후로는 더 이상 생각할 것도 고민할 것도 후회할 것도 없는 것처럼 말이다. '결혼은 현실'이라고 하면서 그 현실이 '가부장제'였음을 왜 아무도 말해주지 않았을까?

2018년에 이어 2019년까지 한국 사회를 들썩이게 하는 젠더 이슈의 주범으로 지목되는 것은 항상 가부장제이다. 그렇다면 가부장제는 무엇인가? 2005년 호주제가 폐지되고 2008년 가족관계등록 등에 관한 법률이 시행된 지도 어느덧 10년이 흘렀건만 왜 아직도 우리는 가부장제를 이야기하는가? 그리고 제도가 바뀌었음에도 여성, 아내, 엄마, 며느리라 불리는 기혼 여성의 지위는 왜 전혀 달라지지 않은 것처럼 느껴질까?

페미니즘 고전을 다시 읽다

이런 상황에서 가부장제가 현재까지 어떻게 그 모습을 공고히 이어갈 수 있었는지 살펴보는 것은 분명 의미 있는 일일 것이다. 지금까지 가부장제에 관한 논의들은 대체로 서구 여성학자들을 중심으로 이루어졌다. 그들은 왜 여성이 억압받게 되었는지 기원을 설명하는 과정에서 불평등의 요인을 규명하고자 했다. 가부장제는 사전적으로 '가장의 가족 구성원에 대한 지배를 지지하는 체계'를 뜻한다. 그것은 구체적으로 '남성들 간의 위계 관계, 남성에 의한 여성 지배'로 나타난다. 미국의 역사학자 거다 러너에 의하면 가부장제의 성립은 하나의 '사건'이 아니라, 대략 기원전 3100년부터 기원전 600년까지 약 2500년에 걸쳐 전개된 '과정'이다. 그리고 남성에 의한 여성 통제는 다른 모든 억압의 기원이 된다.

자신의 저서 《가부장제의 창조》에서 거다 러너는 가부장제가 인류 초기부터 체계를 정립하고 사회를 조직화하는 데 어떤 역할을 했는지에 대해 빛나는 통찰을 보여준다. 러너의 통찰 중 내가 생각하기에 가장 중요한 다섯 가지는 다음과 같다.

첫째, 여성의 성적 능력과 재생산 능력에 대한 남성의 전유는 사유 재산과 계급 사회의 형성 이전에 일어났다.

둘째, 고대 국가는 가부장제의 형태로 조직되었고, 따라서 그 태동기부터 국가는 가부장적 가족의 유지에 본질적인 이해관계를 갖고 있었다.

셋째, 남성은 자기 집단의 여성을 지배함으로써 다른 사람들에 대한 지배와 위계를 제도화하는 방법을 배웠다. 이것은 정복당한 집단의 여성을 노예로 만들면서 시작된 노예제의 제도화에서 표출되었다.

넷째, 여성의 성적 종속은 가장 오래된 법률의 조문을 통해 제도화되었고 국가는 권력을 다해 이를 시행하였다.

다섯째, 이 체계 속에서 여성 집단의 자발적 순종을 위한 다양한 장치가 만들어졌다. 여성은 무력의 위협 속에서 협력해야만 했고, 남성 가장에게 경제적으로 의존해야 했다. 순종적이고 의존적인 여성에게는 계급적 특전들이 부여되었고, 이는 존중받을 만한 여성과 존중받지 못할 여성으로 나뉘는 등 여러 가지 수단에 의해 보존되었다.

즉, 가부장제는 인류 역사상 가장 오래되고 보편적인 억압 제도이자 다른 모든 억압에 대한 원천이 되고, 남성은 정치·문화·경제적 장치를 통해 여성 억압을 구조화했으며 그 안에서 여성은 살아남기 위해 협력할 수밖에 없었다. 러너는 이 책 전체를 통해 여성 또한 역사 속에서 언제나 주체였고 행위자였음을 강조하지만 나는 읽으면 읽을수록 여성이 진짜 한 번이라도 역사 속에서 주체의 위치에 섰던 적이 있었던가를 의심하며 한편으로 속상해했다.

여성이 정녕 주체였다면 여성의 지위는 역사 속에서 왜 변하지 않았을까? 왜 여성은 이 가부장제 속에서 철저히 순응해서 살았던 것처럼 느껴지는 것일까? 부르주아 계급은 봉건 시대 왕과 귀족에게 집중되었던 권력을 나누기 위해 시민혁명을 일으켰다. 프롤레타리아 계급은 민주주의 시대에 시민권을 확보했다. 노예 계급은 자신들의 부당함과 차별을 없애기 위해 지속적으로 싸웠고 끝내 시민권과 개인의 자유를 쟁취했다. 그렇다면 왜 여성은 길고 긴 역사 속 여러 번의 제도 전환에도 불구하고 그 지위가 나아지지 않았을까? 러너는 이렇게 말한다.

> "남성들이 주요 설명체계 속에 우주와 사람에 대한 인간의 관계를 상징적으로 서열화하기 시작했을 때, 여성의 종속은 이미 너무도 완벽하게 받아들여지고 있어서 남성과 여성 모두에게 '자연스럽게' 보였다. 이러한 역사적 전개의 결과로, 서구 문명의 주요 은유들과 상징들 속에 여성의 종속과 열등성에 대한 가정들이 통합되었다."
>
> _《가부장제의 창조》 (p.368)

러너는 오랫동안 여성이 예속 상태에 있었으면서도 여권 의식이 아주 느리게 나타나게 된 이유를 설명하기 위해《역사 속의 페미니스트》라는 책을 집필한다. 여성들의 인권 의식은 수백 년에 걸쳐 다양한 단계로 발전해왔다. 그런데 안타깝게도 다른 여성들에게 전파되거나 연결되지 못했다. '교육'의 과정이 없었기 때문이다. 사상의 발전은 축적의 시간을 거친다. 위대한 사상의 바탕에는 그 사상을 가능하게 했던 수많은 앞선 사람들의 사유가 존재했고, 그것을 밑절미 삼아 인류는 수많은 생각들을 발전시켜왔다. 그러나 여권 의식을 가진 이들의 생각은 고립되었고, 아무리 뛰어난 여성의 사상이라도 개인의 통찰력이라는 형태를 벗어나지 못했다. 러너는 이렇게 말한다. "재능 있는 여성들이 존재했고, 그들은 용감히 투쟁했으며, 또 업적을 이루었다. 그리고 그들은 잊혀졌다. 그들 뒤에 오는 여성들은 전부 다시 시작하면서 그 과정을 반복해야만 했다."

결과적으로 여권 의식은 그들이 살던 시대에도 널리 퍼져 나가지 못했고 다음 세대에는 거의 잊혀졌다. 그와 동시에 세상을 설명하는 정신적 구조물들은 남성 중심으로 곤고해졌으며 부분적으로 왜곡되어왔다. 이런 현실에서 여성들은 비가시화되거나 주변화된다. 러너는 기존 역사가들이 여성의 삶을 보이지 않게 만들었고, 가부장적 질서에 맞지 않는 여성들을 '단순하고 어리석게' 평함으로써 그녀들을 신경증 환자 또는 사기꾼으로 만들었다고 평한다. 여성학자 김은실 교수의 표현대로 남성의 삶은 '역사'로, 여성의 삶은 '에피소드'로 취급되었던 것이다.

이에 러너는 7세기부터 무려 19세기까지 방대한 자료 수집과 연구를 통해 역사 속 위대한 사상가, 문학가로 거듭나려 노력했던 여성들의 투쟁과 한계, 원인을 살펴본다. 이제껏 남성들의 역사에서 추문을 일으킬 만한 여성의 행동을 '페미니스트 인식'으로 재명명하고, 잊혀지고 지워졌던 여성들의 궤적을 발굴하고 의미를 부여하고자 한다. '마녀'라 불린 여성들은 여성을 위한 대안적인 사고 유형을 보여주는 신비가이자 새로운 형태의 종교사상가로 이름 붙이고, 철학, 음악, 문학 등 다방면에서 재능을 발휘한 수녀 힐데가르드와 같은 위대한 여성의 업적은 제대로 평가하고자 한다. 이는 곧 잊혀져 있던 여성사를 회복하고 역사 속에 자리매김하려는 투쟁 그 자체이다.

가부장제의 확립부터 현재까지, 엘리트층에 속하지 못한 남성들은 세계를 규정하고 이름 짓는 힘을 공유하려고 투쟁한 과정에서 점차 성공해왔지만, 여성들은 그 과정에서 배제되고 그러한 자원에 접근조차 할 수 없었다. 교육의 박탈로 인해 여성들은 정신적 구조물을 만들 수 없었기 때문이다. 지식의 생성 과정에서 철저하게 배제되면서, 여성들은 '거인의 어깨에서 세상을 볼 수 있는' 기회를 가질 수 없었다. 이것이 바로 페미니즘에 관심을 가지게 된 여성들이 자신을 최초의 눈 뜬 자처럼 느끼는 이유가 아닐까?

러너의 저작물들은 그 자신이 여성들에게 '거인의 어깨'가 되어주고 싶은 안타까움에서 만들어진 것으로 보여진다. 러너에게 여성사는 역사의 잃어버린 절반을 재건하고 여성들을 능동적인 동인으로 사건의 중심부에 위치시키는 과업이다. 그는 저술을 통해 여성적 측면과 남성적 측면이라는 인간의 두 가지 본성이 진정으로 균형을 이루며, 기록된 역사에 마침내 반영되는 과정을 보여준다. 역사가 객관성을 갖기 위해서는 보이지 않던 여성의 역사를 추가함으로써 보이지 않던 반쪽을 드러나게 해야 한다는 것이다. 러너의 이러한 작업은 여성사의 토대를 마련하고 미국 사학계에 여성사를 최초로 독립된 학문 분야로 확립시키는 데 획기적인 전환점을 마련했다.

여성학 독서 모임이 끝나고 뒤풀이를 할 때면 같이 공부한 이들이 세상 진지하게 묻곤 했다. 도대체 언제부터 여성과 남성의 위치가 이렇게 달라지기 시작한 거냐고, 그 이유는 무엇이냐고. 엥겔스의 《가족, 사유재산, 국가의 기원》을 읽은 날에는 그것이 '여성의 세계사적 패배' 때문이 아니겠냐고 이야기했다. 《가부장제의 창조》를 읽은 날에는 가부장제는 자본주의보다 훨씬 오래된 제도이고 모든 억압의 기초이자 기원이라고 했다. 무려 수렵채집 생활 시기부터 생물학적 차이에 따라 효율적으로 이루어지던 성 역할 분리가 사회 발전에 따라 젠더로 고착화되었기 때문이라고. 《우리의 의지에 반하여》를 읽을 때면 남성이 남근이라는 무기로 여성을 집단 강간하기 시작한 때부터라고도 했다. 그러면 우리는 다 같이 한숨을 쉬며 맥주잔만 비워댔다. 수렵채집 생활이 시작된 시기부터 존재했던 성 역할 분리, 신석기 시절부터 있어온 가부장제, 인류 시작과 함께한 집단 강간이라니. 여기서 빠져나올 방법은 정녕 없는 걸까? 에잇, 술이나 먹자.

　이런 이유, 기원을 묻는 이유는 간단하다. 이유를 제거하면 모든 것이 달라질 것이라 믿어서다. 마르크스가 만국의 노동자가 단결하여 생산 수단을 장악한다면 부르주아에 의한 착취가 없어질 거라고 본 것처럼, 슐라미스 파이어스톤이 여성의 재생산 능력을 외주화하면 여성 억압이 사라질 것이라 생각한 것처럼 말이다. 그렇지만 한편으로는 이런 생각도 든다. 남녀의 생물학적 성이 다르다고 해서 그에 따른 성 역할을 강제하는 것은 정당한가? 예전부터 그랬다고 앞으로도 계속 그래야 하는 이유가 있는가? 지금 우리가 느끼는 페미니즘에 대한 뜨거운 관심의 이유는 다름 아닌 '보편적 인권에 대한 갈망'이 아닐까.

　러너가 그토록 원하던 대로 우리는 거다 러너라는 거인의 어깨에 올라 역사 속의 수많은 페미니스트들을 바라볼 수 있게 되었다. 그들은 서로의 지식을 누적하고 연결하지 못해 사유를 시작할 때마다 매번 출발선에 서야 했다. 이제 그 여성들의 역사를 알게 된 우리는 다른 방식의 해방을 기획할 수 있게 되었다. 그 해방은 전통이나 기원, 이유에서 시작하는 것이 아니다. "우리가 원하는 세상은 어떤 세상인가?"에 대한 질문, 그것이 시작일 것이라고 믿는다.

나는야 세컨드

《제2의 성》

학창 시절 달리기를 할 때면 두 손으로 가슴을 가리고 뛰었다. 이런 게 나뿐만은 아니었다. 쉬는 시간마다 교실에서는 말뚝박기를 하던 같은 반 아이들 대부분이 그랬다. 밖에 나갈 때는 어깨를 잔뜩 움츠린 채 몸 선이 드러나지 않도록 신경을 썼다. 앉을 때는 다리를 오므리고 속옷이 보이지 않게 조심하며 최대한 몸가짐을 단정하게 하려고 했다. 당시에는 그것이 좋은지 나쁜지도 모른 채 당연하다고 배웠다.

　나에겐 오빠가 한 명 있는데, 오빠가 배고프다고 하면 엄마는 언제나 나에게 말했다. "오빠 밥 좀 차려줘라." (실제 오빠는 나보다 요리 솜씨가 좋아서 내가 차려주는 것을 싫어했다) 내가 오빠보다 공부를 잘하자 할머니는 나에게 말했다. "오빠 기죽이지 마라." (실제 오빠는 내 성적 같은 것에는 관심도 없었다) 내가 경영학과에 지원하겠다고 하자 부모님은 말했다. "교사나 공무원같이 여자가 일하기 좋은 직업을 가져라." 스물다섯, 처음 회사에 입사했을 때부터 나의 꿈은 10년 후 창업이었다. 결혼이 아니었다. 그러나 부모님은 이렇게 말했다. "일보다 좋은 남자 만나서 결혼을 하는 게 더 중요하다." 30대 초반, 직장에서 마케팅 조직을 통솔하는 자리에 오르고 회사 일이 점점 바빠지자 주변에서는 이렇게 말했다. "아이가 중요하지, 일이 중요하냐?" 30대 후반에 회사를 창업할 때는 이랬다. "여자가 남편보다 더 성공하면 가정이 망가진다." 회사가 바빠지고 남편이 내 회사에 들어오자 사람들은 남편을 "사장님"이라고 불렀다. 사장은 나라고 말하는 것을 들은 우리 부모님은 이렇게 말했다(강조하지만, 시부모가 아니다). 조용히 있으라고, 남자 기죽이는 거 아니라고. 어쩌면 이런 말들이 쌓이고 쌓여 지금의 내가 여성학을 공부하게끔 이끌었는지도 모르겠다.

서울대와 이화여대 두 대학의 여성학 이론 시간에서 가장 처음 읽은 책은 보부아르의 《제2의 성》이었다. 나에게 보부아르는 사르트르와의 계약 결혼으로 기억되는 사람이었다. 그러고 보면 여성은 너무 쉽게 업적이나 학문적 성취보다 성으로 기억된다. 철학이든 예술이든 문학이든 경영이든 어떤 분야, 어떤 직업에서나 상황은 비슷하다. 여성은 '작가'가 아니라 '여류 작가'이며, '의사'

가 아니라 '여의사'이고, '노동자'가 아니라 '여성 노동자'이다. 남성은 그 자체로 보편이지만, 여성은 성으로 귀속되고 사적인 존재로 자리매김된다.

사르트르와 보부아르가 알게 된 건, 1929년 철학 교수 자격 시험에서였다. 이때 보부아르는 스물한 살, 이 시험에 최연소이자 차석으로 합격했다. 공식적인 수석은 사르트르였으나, 당시 심사위원들은 실제로는 보부아르가 더 뛰어나다는 데 동의했던 것으로 알려져 있다. 그러면 당대 최고의 철학자라 불리는 사르트르와 맞먹을 정도의 지성을 가진 보부아르는 왜 이 책을 썼는가? 그녀는 남자들은 남자란 무엇인가에 대한 책을 쓰지 않는다고 말한다. '남자'는 그대로 '인간'이라는 보편성과 일치하기에 자기에 대해 쓰고 싶으면 자기 철학과 사유에 대해 쓰면 되기 때문이다. 여기서 보부아르는 고민한다. 자기에 대해 쓰기 위해서는 '여성'이라는 것을 써야 하기 때문이다. "여자란 무엇인가?"라는 질문에 "여자도 인간이다"라고 말하는 것은 불충분하다. 여자는 인간이지만 '여자'여야 하기 때문이다. "나는 누구인가?"라는 질문에 대해 답하기 위해 그녀는 이 질문을 먼저 던진다. "여자란 무엇인가?"

이 책의 프롤로그는 "나는 여자에 대한 책을 쓰는 데 오랫동안 망설여왔다"라는 말로 시작한다. 망설이는 동안 보부아르는 엄청난 연구와 조사와 성찰을 거쳤을 것이다. 이 책은 한국어 번역판 기준 무려 1,056쪽에 이른다. 이 두꺼운 책을 통해 보부아르는 이제까지 '여자란 무엇인가'에 대해 말해온 사람들은 대부분 남자였음을 지적하며, 그들은 여자를 너무도 쉽게 '타자'로 만들어버렸다고 일갈한다. "이제까지 남자가 여자에 대하여 쓴 것은 모두 믿을 수 없다. 그들은 심판자이며 당사자이기 때문이다."

즉, 지금까지 여성의 역사는 모두 남성이 바라보는 여성의 역사였음을 선언한 것이다. 그리고 그녀는 여자에 관한, 여자를 위한, 여자에 의한 이 책을 썼다.

자, 그렇다면 여자란 무엇인가? 생물학적으로 보자면 여성은 XX 염색체를 가진 인간종의 암컷이다. Y 염색체를 가졌느냐 그렇지 않냐라는 성염색체의 차이는 이후 삶을 결정할 정도로 엄청난 영향력을 미친다. 한쪽은 아이를 뱃속에서 키우고 낳아야 되지만 한쪽은 그저 자신의 씨를 전달하기만 하면 된다. 또한 출산한 이는 자연스레 육아와 집안일을 도맡게 되고, 씨를 뿌린 다른 한쪽은 먹을 것을 사냥하고 도구를 만들고 자연을 지배하는 주체로 나아간다. 생물학적 조건은 이제까지 여자를 규정짓는 절대적인 이유였다. 여자는 여자로 태어났기 때문에 여자로 살아간다. 그렇지만 보부아르는 생물학적 조건은 여자를 이해하는 열쇠 가운데 하나이긴 하지만 그것만으로는 남녀의 위계 관계를 설명할 수 없다고 이야기한다. 인간이라는 개체는 자연에 내맡겨져 수동적으로 살아가는 존재가 아니다. 자기를 의식하고 실현하는 '주체'이기 때문이다.

정신분석학적으로 여자는 어떻게 정의될까? 프로이트의 견해에 따르면, 여자는 태어나면서 이미 결여된 존재들이다. 여성은 유아기부터 페니스가 없다는 것을 깨닫고 열등감을 느낀다. 유년기 여자아이는 아버지를 욕망하지만 좌절하고, 그 후에 그녀가 택할 수 있는 길은 남자에 대한 열등 콤플렉스로 인해 신경증을 일으키거나, 아버지와 비슷한 사람을 애인이나 남편으로 맞이하는 길뿐이다. 남자가 오이디푸스 콤플렉스를 거쳐 주체로 거듭난다면, 여자는 이 과정을 지나면서 스스로를 부끄러워하고 거부하게 된다. 이에 보부아르는 소녀가 페니스를 부러워하는 것은 그것이 완전하기 때문이 아니라 "여자가 속한 사회 속에서 남성의 우월성을 여자에게 확신시키기 때문"이라고 말한다. 정신분석학은 여자가 왜 타자인지, 남성의 우월성이 어디서 유래하는지(페니스를 가지고 태어났다는 것 이외에) 제대로 설명하지 못한다.

여자라는 존재가 생물학적으로 결정된 것도 아니고, 정신분석학적으로 원래 결여된 존재가 아니라면, 여자는 과연 무엇인가? 이에 보부아르는 사회구조적 차원에서 유물사관에 입각해 분석해나간다. 청동기 시대 이후 사유 재산 제도가 생겨나고, 이 시기 '여성의 세계사적 패배'가 일어났다. 새로운 도구가 생겨나고 육체 노동을 더 필요로 하면서 여자는 성 역할 분리라는 효율적이고 기능적으로 보이는 생각에 따라 가내 노동에만 전념하게 된다. 그리고 수확물이 더 많아지자 사유 재산을 상속하기 위해 가부장 제도가 출현한다.

저자는 여기에도 합리적인 의문을 제기한다. 사유 재산 제도가 여자의 예속을 가져온다는 것이 과연 필연적인가? 그렇다면 사유 재산 제도가 사라지면 여성 해방이 이루어지는가? 역사 속 사유 재산 제도가 없던 시기, 특정한 역사적 장소에서도 여성이 해방된 적은 단 한 번도 없었다. 그 말은 곧 여자를 알기 위해서는 정신분석학이나 생물학, 유물론의 경계를 넘어서지 않으면 안 된다는 말이다. 그렇다면 여자란 도대체 무엇인가? 그녀는 이 질문에 제목으로 답을 한다. 여자는 '제2의 성'이다.

그렇다면 제2의 성이란 무엇일까? 제2의 성이 있다면, 제1의 성이 있을 텐데, 그것은 두말할 필요 없이 남성이다. 그렇다면 '제2'라는 말의 의미는 무엇일까? 문자 그대로 두 번째이다. 하지만 여기에는 수많은 은유적인 의미가 있다. 아마도 김경미 시인의 시구가 이를 설명하기에 가장 적절하지 않을까.

그냥 영어로 두 번째,

첫 번째가 아닌, 순수하게 수학적인

세컨드, 그러니까 이번, 이 아니라 늘 다음, 인

언제나 나중, 인 홍길동 같은 서자, 인 변방, 인

부적합, 인 그러니까 결국 꼴찌

_〈나는야 세컨드1〉 중에서

내가 항상 남성들 뒤에 선 이유, 내 몸을 부끄러워하며 가렸던 이유, 주민번호 앞자리가 2번이듯 남성 다음에 내 차례가 오는 것을 자연스럽게 여기게 된 것, '나는야 세컨드'라고 인정한 상태. 이것을 보부아르의 표현으로 바꾸자면 '타자'이다. 주체는 자기를 본질적인 것으로 주장하지만, 타자는 주체와는 다른 존재, 분리된 존재, 비본질적인 객체가 된다.

보부아르가 《제2의 성》을 쓴 시기는 1949년이다. 오랜 투쟁 끝에 (영국이 1918년, 미국이 1920년, 프랑스가 1946년이다) 드디어 여성도 참정권을 얻을 수 있었다. 그 과정이 너무나도 길고 지난했던 것일까. 직접투표를 하면 민주주의를 달성할 수 있다고 믿었던 우리처럼 그들도 참정권 획득이라는 법적 구현만으로 모든 문제가 해결되었다고 믿었던 것일까. 참정권 투쟁 후 소강기에 접어들었던 여성 문제에 대해 보부아르는 "여자란 무엇인가"라는 질문을 던지고 "여자는 제2의 성, 곧 타자"라고 답한 것이다. 생물학적으로 여자는 이미 '여자'로 태어나는데 사람들은 때때로 "여자다움이 위기"라거나 "여자로 존재하시오, 어디까지나 여자로 남으시오, 여자가 되시오"라고 말한다고 말이다. 이상하지 않은가? 생물학적으로 여자로 태어나서 이미 여자라면, 여자가 되라는 명령이나 관습은 불필요하다. 그렇다면 사회적으로나 관습적으로나 여자는 되어야 하는 '무엇'이 된다. 즉, '여자다움'은 사회적 규범으로 작용한다는 것이다. 이것이 바로 여자는 태어나는 것이 아니라 '만들어진다'라는 말의 진짜 의미이다.

그렇다면 다음 질문은 빠하다. 여자는 '어떻게' 만들어지는가? 여기에 대해 유년기-사춘기-젊은 처녀-결혼이라는 네 가지 단계로 설명하는 것이 바로 이 책의 2부이다. 보부아르는 여성의 성장 과정을 통해 여성을 둘러싼 모든 사회 구조, 교육 환경적 상황을 재검토하고 나선다. '여성성'이라 불리는 수동성, '남성성'이라 불리는 능동성이 여성과 남성의 생물학적 특성이나 본질적 결과가 아니라 사회 속에서 가치 평가된 행동의 결과물이자, 여러 반응과 피드백을 통해 형성된 특징뿐이라는 것을 논증한다. 이런 젠더화된 특성은 평생을 살아가면서 관습과 전통, 교육이라는 이름을 통해 지속적으로 강조된다. 보부아르는 그런데도 여자들은 자신이 타자라는 사실에 그리 문제의식을 느끼지 않는다고 말한다. 왜일까? 보부아르는 여기에 대해 "여자는 구체적인 수단을 갖고 있지 않기 때문에 상호성을 인정하지도 않고, 자기가 남자에게 복종하는 것이 필연적이라고 느끼기 때문에, 또는 '타자'라는 자신의 역할에 만족하기 때문에 자기가 주체가 되기를 원하지 않는다"고 답한다.

보부아르는 여성이 '타자'가 아닌 '주체'로 서기를 원했다. 이 책은 프랑스에서 출간된 지 일주일 만에 2만 2,000권이 팔리고 미국에서는 번역되자마자 100만 부가 팔렸다고 하니, 마치 하나의 커다란 태풍처럼 남성과 여성 모두에게 이 책의 파고가 휘몰아 쳤음을 어렵지 않게 짐작할 수 있다. 수많은 남성들이 이 책을 읽고 분노를 표했고, 그보다 많은 여성들이 이 책을 '페미니즘의 성서'로 받들며 새로운 시대의 새로운 강령으로 받아들였다. 보부아르는 생물학도 정신분석학도 유물론으로도 해명하지 못한 여성의 가치를 실존주의에 기대어 설명했다. 그리고 그 가치는 타자에 의해 자리매김되는 것이 아니라, 주체가 스스로 만들어가는 가치이다. '가치는 실존자가 존재를 향해 자기를 초월하는 기본적인 기투(project, 현재를 초월하여 미래에로 자기를 내던지는 실존의 존재 방식)에 의하여 결정'되기 때문에 그녀는 여성 또한 자기를 초월하는 기투를 가지기를 원했다. 또 그녀는 여성들이 타자라는 자신의 역할에 만족하지 않고 스스로가 각성되기를 촉구했다.

많은 세월이 흘렀지만 여성은 아직도 제 2의 성으로 남아 있다. 사회는 많이 달라졌지만, 그럼에도 또 어느 부분에서는 너무 더디기만 하다. 여자들은 이제 많이 각성되었지만 비슷한 수준의 젠더 감수성을 남성에게 기대하기란 아직도 먼 이야기인 것만 같다. 이 시점에서 우리는 왜 다시 보부아르를 읽어야 할까? 이 책의 마지막 문장은 이렇다.

"이 주어진 현실 세계를 자유가 지배하도록 하는 것이 인간에게 주어진 임무다. 이 숭고한 승리를 쟁취하기 위해서는 무엇보다도

먼저 남녀가 그 자연의 구별을 초월해서 분명히 우애를 확립하는
것이 필요하다."

_《제2의 성》 (p.928)

어쩌면 이 문장이 우리에게 답을 줄 수 있을지도 모른다. 여자
가 태어나는 것이 아니라 만들어진 것이라면, 남성 또한 태어나는
것이 아니라 만들어졌을 터이다. 인류 이래 '여성 문제'는 언제나
'여성에게 폭력과 억압과 착취를 행하는 남성 문제'였다. 이제 포
커스를 조금 이동해도 될 것 같다. '여성은 어떻게 여성이 되는가'
에서 멈출 것이 아니라 '남성은 어떻게 남성이 되는가'라는 질문이
필요하다. 지금 한국 사회의 남성 지식인들이 자신의 남성성에 관
한 성찰과 함께 스스로를 페미니스트로 칭하는 건 주목할 만한 일
이다. 다른 세상을 향한 변화는 여성의 인식만 달라진다고 가능해
지지 않는다. 주어진 현실 세계에서 모두의 자유를 위한 사유를 만
들어가는 것. 지금 보부아르를 읽어야 한다면 이것 때문은 아닐까.

《성의 변증법》

독서 모임을 하면서 가장 놀랐던 점은 '페미니즘'이라는 단어 자체가 사회에서 터부시된다는 현실을 알게 된 것이다. 토론을 할 때면 많은 이들이 불편해했고, 이런 류의 책을 읽는다는 사실을 회사 동료, 가족, 남자친구 등 가까운 이들에게 감춰야 했으며 때때로 의심 어린 시선을 겪어야 했다고 말했다. 사실 나도 마찬가지다. 여성학 공부를 본격적으로 하기 전에는 종종 '나는 페미니스트는 아니지만'이라고 말하며 내 속에 숨어 있는 위화감을 숨기려 했다. 지금은 '위화감'이라는 단어로 이름 붙였지만, 오래전부터 뭐라 말할 수 없는 이 감정의 정체가 궁금했다. 내가 열등한 것 같기는 한데 딱히 무엇이 모자란지 잘 모르겠고, 왠지 억울한데 무엇이 억울한지 꼬집어 말할 수 없는 그런 찜찜한 마음. 나는 왜 열등한 것 같은가? 무엇이 억울한가? 왜 사람들은 불평등을 '자연스럽다'고 말하는가? 이런 불만을 쏟아내던 내게 누군가 말했다. "그럼 다음 생에는 남자로 태어나든가!" 그래, 이 모든 불평등과 불만족과 불쾌함과 불합리함은 모두 내가 '여성'으로 태어났기 때문이었구나! 뒤이어 욕지거가 튀어나왔다. '여자로 태어나고 싶어서 태어났냐'부터 '남자로 태어난 게 벼슬이냐'까지. 프로이트는 이렇게 말했다. "생물학은 운명이다." 이런 말들은 우리가 애써 외면하려 했던 진실을 보여준다. 성(sex)은 계급이라는 것!

　내가 여성학을 공부하는 과정에서 가장 해방감을 느꼈을 때는 '급진주의 페미니즘(Radical Faminism)'을 알았을 때였다. (지금 한국의 페미니즘 지형도에서 래디컬 페미니즘은 서구의 1970년대 급진주의 페미니즘과 비슷하면서도 다른 것 같다. 여기서는 한국의 래디컬 페미니즘과 분리하여 미국의 1960~70년대 페미니즘 제2물결 가운데 있던 페미니즘을 급진주의 페미니즘이라고 칭하겠다) 이들은 여성 억압의 물질적 토대는 생물학이며, 여성의 생식 기능이 바로 부권제와 성별 노동 분업의 원인이라고 주장한다. 그렇지만 본질적인 문제는 섹스 그 자체에 있는 것이 아니라 오히려 가부장제가 여성적 특질에 낮은 가치를 배당하는 데 있다고 일갈한다. 이들은 그동안 명명해오지 못한 일상 속 억압의 구조를 '가부장제'라고 칭하고, 이 가부장제 속 성의 정치학은 부권제(父權制)적 정책에 따라 남녀 모두를 '사회화'시킨다고 말한다. 이로써 '사적인 것이 가장 정치적이다'라는 페미니즘의 유명한 명제가 탄생한다.

급진주의 페미니즘을 알고 나자 이제까지 내가 느끼고 있던 모든 불합리와 부정의와 불평등이 한 번에 설명되는 기분이었다. 특히 파이어스톤이 쓴 《성의 변증법》에 열광했다. 나는 그녀의 이름부터 좋았다. 이토록 격정적인 이름이라니! 게다가 1960~70년대 제2물결 페미니즘의 선구적 이론가로 이름을 날리게 한 이 책이 그녀가 스물다섯의 나이에 단숨에 쓴 책이라니! (나는 어린 나이에 걸작을 쓴 천재들에 대한 로망이 있다.) 게다가 문체는 어찌나 선동적이고 논리는 선명하고, 그 통찰의 범위는 드넓은지. 《성 정치학》을 쓴 케이트 밀레트는 같은 해에 나온 이 책을 보고 이렇게 말했다. "나는 남자들을 상대로 싸우고 있지만 그녀는 전 세계를 상대로 싸우고 있다."

파이어스톤은 마르크스의 변증법을 받아들이면서 "페미니즘에서의 성은 마르크스주의에서의 노동과 같다"라고 이야기한다. 그러고는 성 그 자체에 기초한 역사의 유물론적 관점을 발전시킨다. 그 가운데 성의 구별에 의해 이루어진 체계, 성 역할, 성 문화, 이성애, 결혼, 육아, 일부일처제와 가족 단위, 자본주의, 정부에 이르기까지 전방위로 비판의 화살을 쏘아댄다. 그녀는 경제적 계급의 철폐를 보장하기 위해 프롤레타리아의 생산 수단에 대한 점유가 필요하듯이, "여성들이 아이를 낳고 기르는 유일한 존재로 강

페미니즘 고전을 다시 읽다

제되는 한 열등한 존재로 남아 있을 것이기 때문에 생식 수단을 장악해야 한다"고 주장한다. 그녀는 사회의 모든 면에 여성과 아동들을 전면적으로 통합시켜야 하며, 성적으로 그들이 하고자 하는 대로 무엇이든 할 자유를 주어야 한다고 강조한다. 그의 비판은 특히 임신과 출산이라는 생리학적 '재생산' 기능을 제거하는 방법에서 정점에 달한다. 임신과 출산이라는 재생산 기능은 여성 억압의 주축이므로 그것을 없애야 한다고 말하며, 남녀 상관없이 인공 자궁에서 태아를 잉태하면서 생식을 기계화하고 자손들을 공동으로 양육해야 한다고 주장했다.

보부아르가 공을 쏘아올리고, 파이어스톤과 케이트 밀레트를 선두로 한 서구의 급진주의 페미니즘은 일상 속의 개인적인 경험을 정치적인 장으로 끌어들였다. 법적·경제적·사회문화적으로 남녀에게 차별적으로 적용되는 논리들을 체계적으로 반박하면서 남성 지배, 여성 억압적인 가부장제 이데올로기가 사회 전반에 걸쳐 뿌리 깊게 박혀 있다는 사실을 폭로했다. 이들이 말한 '사적인 것이 정치적인 것이다'라는 주장은 지금까지 사회 전반에 걸쳐 있는 성과 섹슈얼리티에 관한 고정관념을 돌아보게 만드는 다양한 이론적 접근의 출발점이 되었다.

한편으로 이들은 기존 남성 중심 사회에서 인정하지 않는 '여성적' 특성들에 특별한 가치를 부여하여, 가부장제 문화가 비난하는 바로 그 특성들이 여성 문화 가치의 근원이라고 주장한다. 대부분의 사회에서 여성을 평가 절하하는 까닭은 남성 중심적인 사회가 그 가치를 매겨왔기 때문이라고 밝히며 가부장제에 반대되는 여성주의적 세계관을 제시한다. 그것은 대체로 자연, 돌봄, 보살핌과 같은 가치를 통해 대안적 세계를 모색하는 방식으로 나타나게 된다.

그런데 이후 파이어스톤이 포함된 급진주의 페미니즘은 엄청난 비판에 시달렸고 급속한 쇠퇴기를 보내게 된다. 왜 그렇게 되었을까? 우선 '성 자체가 계급'이라는 그들의 전제가 문제시되었다. 대부분의 생물학적 결정론자들은 남성에 의한 지배는 불가피하다는 운명론에 따라 사회 변화를 주장하지 않는다. 그러나 급진주의 페미니즘은 생물학적 결정론을 수용하지만 사회 변혁을 추구한다. 이것은 그들의 주장이 생물학적 조건에 의해 인간의 삶이 결정된다는 전통적 의미에 도전하면서, 동시에 그들 자신은 생물학을 주어진 것으로 자연스럽게 다룬다는 모순을 가지고 있다는 것이다. 또한 생물학적 조건이 여성 예속의 원인이 되는 성별 분업과 관계가 있음을 인식한 점은 높이 평가되나 생물학적 조건이 여성의 예속에 원인이 된다는 직선적인 결론은 논리적 비약이 상당하다는 비판을 받았다. 나는 여기서 고개를 좀 갸웃하게 된다. 페미니즘이 생물학적 결정론을 주장하는 사상이던가? 생물학적 결정론을 없애자는 운동가들에게 생물학적 결정론을 강조한다고

페미니즘 고전을 다시 읽다

말하는 것은 좀 이상하지 않은가? 성이 예속과 억압의 증표가 아니라면 우리가 왜 성이 중요치 않은 세상, 젠더 없는 세상을 꿈꾸겠는가.

급진주의 페미니스트에게 가해진 다른 비판도 있다. 그들이 중산층 백인 이성애자 여성의 경험을 보편의 경험으로 일반화한다는 것이다. '공통의 차별 경험'이 여성들을 단결시킬 수 있다고 말하지만, 같은 여성임에도 인종, 계급, 민족에 따라 여성들은 서로 다른 경험의 층위를 가지는데 이들이 그것을 보이지 않게 만들었다는 것이다.

성이 아닌 다른 요인들에 의한 다중적이고 중첩된 차별을 가시화해야 한다는 점에는 동의한다. 그런데 그 차별들이 과연 '젠더'와 관련이 없을까? 거다 러너의 지적대로 가부장제에서 여성에 대한 남성의 지배는 인종, 계급과 같은 다른 억압과 지배 형태들의 역사적 모델이 되었다. 중첩된 차별은 대부분 계급, 인종과 함께 나타나는데 그것조차 철저히 젠더화되어 있는 것이 현실 아니던가. 억압의 구조와 착취의 현실을 성의 억압 체계를 통하지 않고 설명할 수 있을까? 오히려 급진주의 페미니즘은 그 억압 체제의 근원적 모습을 파헤치는 데 도움을 준 것은 아니었을까?

중산층 백인 여성 페미니스트들을 향해 부르주아 여성들의 권리 투쟁 운동이라는, 즉 더 많이 핍박받고 억압받는 이들은 가만히 있는데 배부른 투정을 한다거나 혹은 억압받는 이들에 대해 잘 알지도 못하면서 그들을 위하는 척한다는 식의 비판은 계속해서 있어왔다(이는 현재 한국의 페미니스트들도 자주 듣는 이야기이다). 나는 이런 말을 들을 때면 울컥하곤 했다. 왜 그러면 안 되는가? 베스트셀러 작가인 채사장은 《지적 대화를 위한 넓고 얕은 지식》을 통해 자신의 계급과 지지하는 정치 세력과의 관계에 대해 이야기한다. 자신의 계급과 지지하는 정치 세력이 같을 때 우리는 그것을 '합리적'이라고 말한다. 자신의 계급은 하층인데, 상층의 이익을 대변하는 정치 세력을 지지할 때 '어리석다'고 한다. 마지막으로 자신의 계층은 상층인데, 하층의 이익을 위한 활동을 하는 정치 세력을 지지하는 사람들을 보며 '윤리적'이라고 말한다.

마르크스와 엥겔스는 부르주아 지식인, 자본가 계급이었다. 그런 그들이 프롤레타리아의 해방을 지지한다고 해서 아무도 그들에게 "알지도 못하면 가만히나 있어라", "더 많은 이득을 얻기 위해 떼를 쓴다"와 같은 말을 하지 않는다. 그런데 왜 여성은 다른 계급의 여성을 위한 목소리를 내면 안 되는가? 우리가 성매매를 반대하기 위해서는 직접 성매매를 하는 당사자여야만 하고, 강간에 반대하기 위해서는 강간 피해자여야만 하는가? 여성은 '세계 최고 피해자' 정도로 검증받아야만 목소리를 낼 수 있다는 건가? 그럼 세계 최고 피해자를 인정하고 검열하는 주체는 누구인가?

여성 해방 운동에서 가장 심각한 갈등은 정치적 레즈비언들과 이성애자 여성들 사이에서 벌어졌다. 급진주의 페미니스트는 분리주의 논리에 발목 잡혀 무장 해제되었다. 동성애는 특권으로 간주됐고, 동성애자가 아닌 여성들은 마치 2등 시민처럼 대접받았다. 많은 이성애자 여성들이 운동에서 떨어져나갔고, 낙태나 육아처럼 여성들의 이해가 걸린 요구는 이성애자 여성들의 문제로 격하됐다. 급진주의 레즈비어니즘의 목소리가 높아지자 '남성을 사귀지 않은 여성들이야말로 여성 운동의 진정한 주인'이라는 정서가 확산됐다. 곧 페미니즘 운동은 남성 권력에 맞선 대결에서 벗어나 대안적 생활 방식으로 옮겨갔다. 그렇지만 분리주의는 해방 전략으로 실천하기에 많은 한계가 있었다. 첫째, 분리주의를 선택할지라도 가부장제의 산물인 강간, 아내 폭력 등의 문제를 근절할 수 없었다. 둘째, 분리주의는 가부장제의 철폐를 위해 필요한 물적 기반의 변화를 유도하지 못했다. 그들은 생산 수단과 그것에 의한 생산물을 남성과 공유할 수 없었기 때문에 가부장제를 위협할 정도로 성장하지 못하는 경제적 한계가 있었다. 셋째, 분리주의는 정의 그 자체만으로 남성을 제외시켰으며, 남성들과 정서적, 정치적 관계를 갖는 여성을 배척했다. 따라서 실제 여기에 참여할 수 있는 사람이 극히 소수에 한정되면서 광범위한 사회 변혁을 가져오지 못했다.

지금 한국은 연일 여성 문제로 요동치고 있다. 이것은 여러 면에서 급진주의 페미니즘이 일어난 1960년대 후반부터 1970년대 초반의 사회적 양상과 비슷해 보인다. 급진주의 페미니즘은 사회주의 투쟁 후, 자유나 평등 같은 사회적 가치와 여성의 가치가 동급으로 취급되지 못한다는 현실 인식이 시작이었다. 우리는 2016년 내내 주말마다 광장에 모여 촛불을 들고 정의에 대한 가치를 공유했다. 하지만 그토록 바라던 세상이 되었는데 그 사회가 여성에게는 여전히 폭력적이라는 것을, 아니 정확히 말하자면 현재의 사회 자체가 성차별적 젠더 체계에 충실한 기반 위에 유지, 발전하고 있다는 것을 깨닫게 되었다. 그 과정에서 여성들은 이제 진정 사적인 것이 정치적인 것이라는 문제의식을 확산하게 되었다.

강남역 살인 사건은 여성에게는 '운이 좋아 살아남은' 현실을 인식하게 했고, 서지현 검사의 성추행 폭로는 '나도 당했다'는 미투(me, too) 운동으로 이어졌다. 이는 '동일 법률 동일 처벌' 운동으로 나아가면서 사회 곳곳에 퍼져 있는 젠더 불평등을 인식하고 바꾸고자 시도하고 있다. 우리는 더 많이 떠들어야 한다. 미투, 낙태죄 폐지, 성폭력 경험 공개, 미러링, 탈코르셋 등으로 우리의 경험을 가시화해야 한다. 이를 통해 이 현실이 개인의 일탈적 '사건'이 아닌 '일상'임을 더 알리면서 바꿔나가야 한다.

이런 상황에서 미국의 급진주의 페미니즘의 과거를 통해 미래를 볼 수도 있으리라 기대한다. 모든 남성을 적으로 돌리고, 여성 혐오를 남성 혐오로 응답하자는 신종 커뮤니티의 확산과 동성애와 트렌스젠더에 대한 조롱, 퀴어(Queer, 성소자를 포괄하는 개념)와 여성학 사이의 관계 등 분리주의의 다양한 형태들이 지금 한국 사회에서도 차츰 고개를 내밀고 있다. 시스젠더(cisgender, 타고난 생물학적 성과 젠더 정체성이 일치하는 사람) 여성만이 출입 가능한 시위, 페미니즘 내 트렌스젠더에 대한 혐오, 기혼 여성은 '가부장제 부역자'가 되고, 아들 키우는 엄마는 '한남유충을 키우는 흉자'가 되는 상황이 당황스러웠다. 페미니즘 운동 진영에서 이런 식으로 상처받게 될 것이라고는 단 한 번도 생각하지 못했기 때문이었다.

급진주의 페미니즘은 성 그 자체가 계급인 현실을 보게 해주었다. 사적이라고 치부되던 것을 정치적 장으로 해석할 수 있도록 도와주었다. 그렇지만 한편으로는 '범계급적 자매애'라는 실현 불가능한 전략에 매달려 여성 각각의 차이를 비가시화했다. 또한 남성과 이성애자 여성을 분리하고자 한 실행 노선은 결국 뼈아픈 분열로 귀결되었다. 그렇다고 그들이 원하는 것이 여성만이 사는 세상, 여성이 계급의 상위에 놓이는 세상이라고는 생각하지 않는다. 모든 급진주의 페미니스트가 같은 입장이라고는 볼 수 없지만 적어도 파이어스톤은 이렇게 말한다. "페미니스트 혁명의 최종 목적은 남성 특권의 철폐뿐만 아니라 성 구분 그 자체를 철폐하는 것이어야 한다. 인간 존재 사이에 생식기의 차이는 더 이상 문화적으로 중요하지 않을 것이다." 그는 진정 '젠더 없는 세상'을 꿈꾼 것이다.

자유주의는 모든 인간이 똑같은 권리를 가진다고 말한다. 민주주의는 모든 국민이 국가의 주인이 되어 스스로 권력을 행사할 수 있다고 말한다. 그러나 우리는 자유주의나 민주주의가 여성에게만은 다르게 적용됨을 알게 되었다. 법은 만인에게 평등하지 않고, 전통과 상식, 보통 사람들의 평범한 교양이라는 지식들은 가부장 체계 내 성인 남성의 생각일 뿐이었음을 깨닫게 되었다. 이제야 우리는 인권 체제 속에 뿌리박혀 있는 젠더화된 인간 본성 모델에 주목하게 된 것이다. 평등의 문제를 '동등한 대우를 할 것이냐 다른 대우를 할 것이냐'의 문제로 연결시키는 모든 이론은 암묵적으로 남성적 척도를 수용하고 있다. 법은 젠더에 기반한 위계적 체계를 보존함으로써 여성을 계속 주변화시키면서 외부와 하위에 위치시킨다.

지금 봇물 터지듯 나오고 있는 논의들은 현재의 인권 체제가 얼마나 여성들의 경험에 무지한 권리 개념인지를 반증한다. 정희진은 "영어의 래디컬(radical)은 급진적인이라는 뜻 이전에 근본적인이라는 의미가 있다"며, "그런 점에서 급진적인 페미니즘은 과격한 페미니즘이 아니라 여성 억압의 근본 원인, 즉 섹슈얼리티 권력을 탐구하는 페미니즘의 기본일 뿐"(《섹슈얼리티의 매춘화》 추천사 중)이라고 강조한다. 기본을 제대로 닦아놓지 못하면, 3~40년 후 우리의 후손들이 지금의 우리처럼 미투 운동을 벌일지도 모른다. 파이어스톤의 《성의 변증법》이 나온 지 40년이 다 되어가는 지금, 할리우드에서 미투 운동이 한창인 것처럼 말이다.

　미래는 아직 오지 않았지만 오늘의 연장이 내일이다. 오늘을 바꾸는 것, 이것이 혁명이 아니라면 과연 무엇이 혁명이란 말인가.

당신은 몇 등 피해자입니까

《흑인 페미니즘 사상》

"800미터나 떨어져 있다는 거 알고 계셨나요? 그 먼 거리를 볼일 보러 걸어야 해요! 상상이 되세요?"

미국과 러시아의 치열한 우주 개발 경쟁이 벌어지고 있던 1960년대, 흑인 여성들이 미국 항공우주국(NASA) 최초의 우주 궤도 비행 프로젝트에 참여하게 된다. 그들이 가진 천부적인 수학 능력과 프로그래머, 엔지니어로서의 능력을 인정받았다고 여겨지겠지만 글쎄. 〈히든 피겨스〉라는 영화에서는 그들에게 닥친 호락호락하지 않은 현실을 보여준다. 그들은 여자라는 이유로 회의에 참여할 수 없으며, 흑인이라는 이유로 800미터 거리에 떨어진 유색인 전용 화장실을 이용해야 하고, 커피포트마저 따로 써야 한다. 어디 이뿐인가. 흑인 여성이 엔지니어가 되기를 꿈꾸면 기존에 없던 새로운 규정이 생겨난다. 그 새로운 규정은 이런 것들이다. 백인들만 다닐 수 있는 학교에서 수업을 들어야 한다거나, 대학에 입학해서 수업을 이수해야 한다는 것. 이런 상황에서 이들은 과연 자신이 원하는 꿈을 이룰 수 있을까? 이 영화를 보는 내내 나는 《흑인 페미니즘 사상》이라는 책을 떠올렸다.

《흑인 페미니즘 사상》의 저자 패트리샤 힐 콜린스는 흑인이면서 여성이다. 그녀는 자라는 내내 '탁월한' 혹은 '유일한' 흑인 여성으로 불렸다고 한다. 그녀가 학문적 성과를 내는 동안 주변에 있던 백인들은 그녀에게 이렇게 말했을지도 모르겠다. "흑인도 철학을 할 수 있나?", "흑인에게 그런 지적 능력이 있다니, 당신은 나의 친구가 될 만하군." 혹은 이런 이야기일지도. "어떤 사람들은 내가 마음에 들 때 '네 피부색에도 불구하고'라고 말한다. 내가 마음에 들지 않을 때도 '네 피부색 때문은 아니야'라고 말한다." 프란츠 파농의 《검은 피부, 하얀 가면》에 나오는 이야기이다.

콜린스는 연구 초기부터 "객관적인 사회과학자로서 내가 받은 교육과 흑인 여성으로서 나의 일상적 경험이 삐걱거리며 충돌한다는 점을 발견했다"고 말한다. 그 삐걱거림의 충돌을 해소하기 위해 그녀는 '화해'를 시도한다. 서로 반대되는 것으로 여기도록 훈련받아 온 것들을 화해시키고, 연구 대상과 연구 주체를 화해시킨다. 여기서 연구 주체는 자신이고, 연구 대상은 흑인 여성이며 연구 주제는 흑인 여성의 페미니즘이다. 그렇다면 이것들은 왜 삐 걱거릴 수밖에 없었을까?

제1물결 페미니즘이 참정권 투쟁으로 대변되는 제도적 성 평등에 집중했다면, 제2물결 페미니즘은 섹슈얼리티, 가족, 문화 전반에 퍼져 있는 성적 억압 등에 대한 문제로 관심을 넓혔다. 하지만 제2물결 페미니즘은 다양한 비판을 받는다. 여성이라고 다 똑같은 성적 억압을 받는 것은 아니고, 하위 계층에 있는 여성들은 성보다 계급에 의한 억압이 더 심하며, 흑인 여성들은 여성 섹슈얼리티의 범위에 들지도 못한다는 지적 등이다. 이후 페미니즘은 백인 중산층 여성이라는 대상에 한정된 페미니즘이 또 다른 억압이 될 수 있음을 인식하며 성 소수자, 흑인 여성들 등 소외되어 있던 다른 목소리를 듣고자 했다. 이 책《흑인 페미니즘 사상》은 미국 흑인 여성의 역사와 경험을 기반으로 사회학, 여성학 이론을 어떻게 다시 쓸 수 있을지를 고민한 과정에서 나온 결과물이다.

그렇다면 흑인 여성의 세계는 보통 여성(이 경우 미국 부르주아 백인 여성)의 세계와 무엇이 다른가? 그들은 모두 같은 여성이기에 페미니즘의 수혜를 입을 수 있는 존재 아닌가? 저자는 흑인 여성에게는 세 가지 억압이 존재한다고 이야기한다. 첫째, 미국 자본주의 시대에 필수로 여겨졌던 흑인 여성에 대한 노동 착취는 미국 흑인 여성 억압의 경제적인 차원을 나타낸다(이때 백인 여성은 그들의

페미니즘 고전을 다시 읽다

착취자이자 억압자였다). 둘째, 미국 흑인 여성이 백인 여성에게 통상적으로 허용되었던 권리와 특권을 부여받지 못했음은 억압의 정치적 차원을 의미한다. 마지막으로, 흑인 여성에 대한 통제적 이미지는 흑인 여성 억압의 이데올로기적 차원을 명백하게 드러낸다. 예컨대 흑인 유모, 제제벨, 번식 동물이라는 이미지부터 어디에나 존재한다고 믿어지는 흑인 창녀 또는 정부의 복지기금을 받아 연명하는 흑인 복지 여왕 미혼모 등은 흑인 여성을 부정적으로 인식하게 만든 정형화된 이미지이다. 이러한 이미지와 더불어 권력 네트워크는 경제와 정치 체제, 이데올로기가 서로 교차하면서 작동하며, 미국 흑인 여성의 종속을 유지하는 매우 효과적인 사회 통제 체계로 기능한다.

제2물결 페미니즘 시대가 저물게 된 가장 큰 이유는 분리주의와 반(反)포르노 법제화를 둘러싼 페미니즘 내부의 갈등이라지만, 결국 그 안에는 이런 질문이 있었을 것이다. '여성은 무엇인가?', '여성은 꼭 피해자가 되어야 하는가?', '여성의 주체적인 성적 자율성은 인정할 수 없는가?', '노동-여성의 관계는 무엇이 먼저라고 이야기할 수 있는가?', '여성이라는 생득적 차이만으로 피해자 성을 논하는 것은 생득적 차이만으로 남성의 우월성을 이야기하는 것과 무엇이 다른가?' 여기서 흑인 페미니즘은 말한다. 억압의 실체는 젠더에만 있는 것이 아니라고. 인종적, 계급적으로 서로 다른 층위에서 억압이 교차하고 있다고. 이런 '교차성(intersectionality)'에 대한 통찰은 자주 억압의 '더하기(additive)'로 오해되곤 했다. 가장 억압받는 이들에게서 가장 진솔한 목소리가 나오고, 그들의 목소리가 진실에 가장 가깝다고 말이다.

그럼 이쯤에서 묻지 않을 수 없다. 그렇다면 페미니즘은 누가 더 피해자인가를 줄 세우는 학문이던가? 여성이고 장애인이면서 최하위 계급에 속하고 근친 강간 피해자 정도 되어야만 한마디할 수 있는 도덕적 근거를 가지게 되는 것인가? 성폭행 당하지 않은 여성은 성폭행에 대해서 절대 말해서는 안 되고, 흑인이 아닌 경우에는 흑인 페미니즘에 이야기해서는 안 되는 것인가? 여기에서 저자는 도덕적 순결주의에 막혀 있는 우리 사유의 지평을 넓혀준다. 바로 '횡단의 정치'로 말이다.

> "횡단의 정치는 인종, 계급, 젠더, 섹슈얼리티, 민족에 기반을 둔 억압에 핵심적인 이항 대립적 사유를 거부한다. 이항 대립적 사유모델에서, 모든 것은 이것 아니면 저것이 되어야 한다. 흑인 여성이 빈곤한 이유는 흑인이기 때문이거나 아니면 여성이기 때문이라는 식이다. 또는, 사람은 인종차별주의자이거나 반인종차별주의자이며, 성차별주의자이거나 아니며, 억압자이거나 억압받는 자가 된다. 이와는 대조적으로, 횡단의 정치는 둘 다를 사유한다. (……) 맥락에 따라, 개인과 집단은 어떤 상황에서는 억압자가

될 수도 있고, 다른 상황에서는 억압받는 자가 되며, 동시에 억압
자이자 피억압자일 수도 있다."

_《흑인 페미니즘 사상》 (p.413)

어쩌면 나를 페미니즘 공부로 이끈 이유는 콜린스식대로 말하
자면 '객관적인' 사회인으로서 내가 받은 교육과 대한민국 여성으
로서 나의 일상적 경험이 삐걱거리며 충돌한다는 점을 발견했기
때문인지도 모른다. 오늘날 대한민국 여성의 삶 역시 흑인 여성과
마찬가지로 세 가지 억압에 시달리고 있다.

첫째, 자본주의에 필수 요소인 여성에 대한 재생산 노동의 착
취이다. 자본주의는 남성 생계 부양자를 기본값으로 설정함으로
써 그들이 팔팔하고 쌩쌩하게 매일 여덟 시간 이상 노동을 할 수
있도록 지원하는 역할을 여성에게 일임한다. 그래서 여성은 요리
와 청소와 같은 가사 노동과 자녀 돌봄 노동(때때로 남편 돌봄도 포함
된다), 감정 노동을 함으로써 남성 생계 부양자를 제대로 기능하
게 한다. 남성들을 하루도 빠짐없이 일터로 내보내고 회사를 굴러
가게 하고, 국가가 유지될 수 있도록 소비를 하고 세금을 내며 성
실히 일하도록 말이다. 남성의 생산을 뒷받침하는 이 모든 재생산
노동이 대부분 돈 한 푼 받지 않고 이루어진다.

재생산은 그 자체로 국민 국가의 존속과 유지를 위해 충실히
기능하기도 한다. 여성은 아이를 낳음으로써 국가를 유지·지속할

수 있도록 돕고 그 아이를 먹이고 입히고 재우고 교육시키는 돌봄 활동을 전담한다. 엄마 혼자 아이에 대한 모든 양육을 책임진다는 이른바 '독박 육아'는 신자유주의가 더욱 체계화되면서 여성들의 노동과 육아에 다른 이가 도울 수 있는 여지를 더욱 줄어들게 한 사회를 방증한다. 또한 일을 계속하는 여자들은 여성의 노동 자체가 남성 생계 부양자를 '보조'하는 역할이라는 인식하에 남성의 60% 정도에 해당하는 임금을 받고, 언젠가는 출산을 하고 회사를 그만 다닐 것이라는 가능성만으로 깰 수 없는 유리천장 앞에서 절망한다.

둘째, 억압의 정치적 차원을 보자면 이는 좀 더 교묘하다. 우리는 이전 세대의 흑인 여성처럼 투표권이 없거나 공공업무에서 배제되거나, 형사법 체계에서 평등하고 공정한 처리를 담보받지 못하는 처지는 아니다. 그렇지만 여성 국회의원은 전체 국회의원 수의 5%도 되지 않고, 42개 정부기관 여성 공무원 수는 4만 6,720명으로 전체의 31.7%를 차지하는데, 이들 중 과장 이상 고위 공직자는 단 300명에 불과하다. 남성 과장의 수는 여성 과장의 11배에 달한다(그리고 이 모든 이유는 '여성의 능력 부족'으로 설명된다). 형사법 체계 역시 법적 구조와 논리 자체가 남성 가부장의 시점에서 만들어지고 사법권의 결정권자는 주로 남성들로 이루어져 있다. 그들은 강간, 성차별, 성희롱, 성폭력 등에서 남성의 권리를 인정해주는 것은 물론, 이런 범죄가 부부간에 일어난 경우에는 여성의 인권보다 가족의 존속을 더 중요하게 여긴다. 우리는 2018년에도 검은 마스크에 검은 옷을 입고 '동일 범죄 동일 처벌'이라는 민주주의 사회의 가장 기초적인 법치질서를 투쟁해야 했다.

마지막으로 여성에 대한 통제적 이미지는 여성 억압의 이데올로기적 차원을 명백하게 드러낸다. 우리나라 또한 이러한 성차별주의 이데올로기가 사회 구조에 너무나 속속들이 스며들어 자연스럽고 정상적이며 불가피한 것으로 여겨진다. 남성은 여성보다 성욕이 강하기 때문에 어쩔 수 없다는 등 강간한 남자도 잘못이지만 야한 옷을 입은 여자도 문제라는 둥(실제 강간은 야한 옷과는 관계가 없다), 밤중에 술에 취해 비틀거리는 여자 잘못도 있는 것 아니냐(밤에 다니는 것, 술에 취하는 것과 성폭행 역시 관계가 없다) 등등의 통념에서 자유롭지 못하다. 여성이 자신의 섹슈얼리티를 자원으로 이용하려고 하면 '김치녀'가 되고, 운전하는 여자는 '김여사'가 되며, 아이 키우면 '맘충'이 된다. 입만 열면 해대는 대부분의 욕에는 여성 비하가 숨겨져 있다. 가장 비열한 건, '그런 여자'와 '그렇지 않은 여자'를 나눔으로써 여성 스스로 '그런 여자'가 아님을 끊임없이 증명해야 한다는 것이다.

그렇지만 다른 면도 분명히 존재한다. 여성은 남성에게 억압받기도 하지만 계급적으로 다른 여성을 억압하기도 한다. 한국은 동남아 여성들을 식당 인부로, 가사 도우미로, 농촌 신부로 착취하지만 한편으로는 세계적인 성매매 수출국이자 입양아 수출 1위

국가이기도 하다. 나는 여성으로서 육아와 가사 노동과 같은 재생산 노동을 착취당하지만, 가사 노동자를 쓰는 입장에서는 다른 여성의 노동을 싼 가격에 착취한다. 계급적으로 신자유주의 시대에 피억압자로 존재하지만 회사 내부의 권력 관계에서는 다른 이를 억압하기도 한다. 나도 모르는 사이 내면화된 자본주의 정신으로 힘없이 내몰린 노동자들을 무시하고 억압하는 데 일조했을지도 모른다. 무엇보다 나는 서울에 거주하는 비장애인 이성애자에 고등 교육을 받은 중산층 기혼 여성이다. 이는 우리 사회에서 명백히 권력의 위치에 있다. 또한 나는 딸이자 엄마이자 며느리로서 젠더에 의한 불이익을 받기도 한다. 나는 대한민국 시민이라는 이유로 동남아시아를 여행할 때는 혜택을 누리기도 하지만, 세계 공용어라 불리는 영어를 배우기 위해 발버둥을 친다.

콜린스는 "횡단의 정치에서는 모든 개인과 집단은 역사적으로 구성된 체계에서 서로 다른 혜택과 불이익을 가진다"라고 말한다. 나는 이것이 페미니즘이 가지고 있는 최소한의 윤리라고 본다. 그리고 그 윤리는 저항 운동의 방향성을 제시하는 중요한 특징이 될 수 있다고 생각한다. 가장 최대의 피해자만이 목소리를 낼 수 있다는 도덕적 지위로서의 윤리성이 아니라, 상대적 차이에 대한 입장 차가 존재함을 인정하고 이에 대한 다층적 시각을 아우를 수 있다는, 아우르고자 한다는 점에서 가지는 최소한의 윤리성 말이다. 이것이 바로 페미니즘이 피해자 입장에서 정체성을 인정받기 위한 투쟁이 아니라, 우리가 나아가고자 하는 방향을 굽어볼 수 있는 통찰이 아닐까.

이쯤에서 '우리에겐 언어가 필요하다'라는 말을 생각해본다. 얼마 전 어느 교수님께서 왜 지금 여성들은 언어가 없다고 말하느냐고, 네가 말하는 것이 언어가 아니면 무엇이냐고 따져 물으셨다는 이야기를 들었다. 그 교수님께서 말씀하시는 것이 단순히 발화할 수 있고 소통할 수 있는 한국어라는 말을 알고 있으면서 왜 언어가 없다고 하느냐는 의미는 아닐 것이다. 그렇다고 그 언어가 단순한 투쟁을 위한 수사이거나 맥락적으로 은유화된 단어만은 아니라고 생각한다.

실제로 나는 페미니즘을 알기 전에는 '언어가 없다'고 생각했다. 아이가 태어나 돌봐줄 사람이 없었을 때 회사를 그만두는 사람이 나여야만 한다는 사실에 대항할 언어가 없었고, 직장에서도 노동자로서 나의 성취를 보기보다 '엄마'이자 '아내' 인 일차 돌봄 노동자로서의 위치로만 치환하는 사람들에게 논리적으로 설명할 수 있는 언어가 없었다. 내가 왜 맘충이라고 불려야 하는지 설명할 말이 없었고, 내가 여성학 공부를 하는데 왜 '좋은 남편 두었구나'라는 말을 들어야 하는지 받아들일 수 없었다. '남자들도 너무 힘들어' 혹은 '그럼 너도 군대 가든가'라는 말에는 씩씩대기 일쑤였다. 위화감과 애매함 사이에서 화만 나는 내 감정을 설명하기 힘들었다.

그런데 생각해보면, 나 또한 겉으로 말하지 않았을 뿐 사회생활 초창기에는 그들과 비슷하게 생각하던 때가 있었다. 같은 팀에 근무하던 임신한 여성 동료가 함께 야근을 하지 않거나 워킹맘인 직원이 아이가 아프다는 이유로 자주 연차를 쓰면 '이럴 거면 그냥 회사를 그만두지' 하고 생각했다. 누군가가 출산과 육아 휴직으로 인해 회사 승진에서 누락되었다고 불평하면, '아이를 낳고 회사 일에 몰두하지 않으면서 승진까지 똑같이 시켜달라는 것은 염치없는 행동 아닌가?'라고 생각했다. 나는 사회에서 인정받고 싶었고 최대한 지배자의 언어에 바짝 다가가 말하는 것이 그것을 위한 첫 번째 걸음이라고 생각했다.

아이가 아프면 회사를 그만두는 게 옳고 승진을 똑같이 시키는 것이 염치없다고 생각하는 사람들, 아무렇지도 않게 "아이는 엄마가 키워야지", "엄마라면 모유수유를 해야지", "아이 성적은 엄마 하기 나름이지"라고 여성의 위치를 고정시키고 가부장제의 언어를 내재화하는 사람들, 사랑받는 아내이자 아이 잘 키우는 엄마라는 역할, 돈 버는 남성 가장이라는 아버지의 역할에 매몰되어 그게 싫어도 다른 결정을 할 수 없는 사람들, 노동의 권리에 대해 말하는 것을 불경한 것쯤으로 여기는 노동자들. 이런 생각은 누구의 언어인가? 이런 사회에서 생물학적 성만으로 우리 편, 너희 편으로 가르는 것은 어찌 보면 너무나 쉬운 일이다.

우리는 너무나도 쉽게 지배자의 언어를 내면화한다. 그게 식민지에서 성공할 수 있는 길임을 본능적으로 알기 때문이다. 매일 화만 내고 사는 것보다 지배자에게 잘 보이는 것이, 내가 욕망하는 것을 더 쉽게 얻을 수 있는 방법임을 항상 교육받아왔기 때문이다. 우리가 토익을 공부하는 이유도, 회사를 다니면서 MBA를 따려는 이유도 사실 마찬가지 아닌가.

파농(그는 프랑스령 말티니크 섬에서 태어났다)이 살던 앤틸리스에서 흑인들이 불어 구사 능력에 따라 서로를 평가하듯이, 우리 또한 영어를 잘함에 따라, 남성들의 언어를 잘 활용하고 실천할 수 있음에 따라, 권력과 억압의 언어를 잘 내면화할수록 그들에게 인정받고 사랑받을 수 있는 가능성이 커진다. '언어를 소유한 인간은 그 언어가 현상하고 내포하는 세계를 궁극적으로 소유'할 수 있기 때문이다. 그래서 흑인 여성들은 말하기 시작했을 것이다. 자신들의 노동과 모성과 섹스와 여성됨에 대해 자신들의 언어로 말하기 위해. 그래서 성소수자들도 말하기 시작했을 것이다. 자신들의 언어로 말하지 않는 이상 재단되고 타자화되고 대상화되기는 너무나 쉬우니까.

어쩌면 페미니즘을 배워가는 과정은 '언어를 알아가는 과정'이 아닐까 생각해본다. 너무나도 자연스럽게 받아들여지는 언어와 생각들이 처음부터 진실이 아니라 역사적·사회적 구성물이라는 것을 하나하나 배워나가는 과정 말이다. 그 언어의 레퍼런스를 따라가게 되면서 우리가 얻게 되는 것은 이런 것들이다. 집단은 단일한 실체가 아니라는 것, 우리들 개개인은 서로 맞물려 작동하는 여러 억압 속에서 여러 정체성을 가지면서 다양한 집단과 중첩되거나 고유한 특징을 같이 가지게 된다는 것. 우리는 서로 다른 위치에 놓일 수밖에 없고 그 상황이 항상 상대적이라는 사실을 인식하는 것. 그 상대성의 차원을 언어로 로직화하고, 교차성 속에서 나아갈 방향을 가진다는 것. 그 교차성을 횡단하면서 실천과 연대, 협력을 모색할 수 있다는 점. 그리고 이러한 횡단적 대화는 여러 집단적 입장에 수반되는 다층적 시각이 제공하는 혜택을 모두가 누릴 수 있게 한다는 점. 이런 것들을 배워나가는 데 '흑인 페미니즘'이 풍부한 통찰력을 제공했다는 사실은 누구도 부인할 수 없을 것이다.

좋은 성, 나쁜 성, 이상한 성

〈성을 사유하기〉

20년 전쯤의 이야기이다. 단아한 이미지로 인기를 끌던 여배우가 마약 투여 혐의로 투옥되었다. 문제는 마약이 아니었다. 그녀는 그것이 마약이 아니라 최음제인줄 알았다고 진술했다. 거기에 함께 마약을 투여한 남성과 불륜 관계라는 기사가 신문마다 대문짝만 하게 실렸고 이후 숱한 비난에 휩싸였다. 대한민국 전체가 그 이야기로 떠들썩하던 때라 아는 언니를 만난 나는 가십거리 삼아 그 이야기를 꺼냈다. 그런데 그 언니는 매우 딱딱하고 쌀쌀 맞은 목소리로 이렇게 말했다. "도대체 남의 성생활에 왜들 그렇게 관심인지 몰라." 몇 년 후 동성애자로 커밍아웃한 남성 연예인에 대해 호들갑스럽게 떠들던 누군가에게 나 또한 이렇게 말하고 있었다. "그게 너랑 무슨 상관인데?"

성 문화에도 좋은 성 문화와 나쁜 성 문화가 있을까? '좋다', '나쁘다'가 어색하다면, '정상적인 성 문화'와 '비정상적인 성 문화' 혹은 '자연스러운 성 문화'와 '부자연스러운 성 문화'는? 이렇게 뚝 잘라서 대놓고 말하기는 좀 어색하지만 우리는 일상과 문화 속에서 '좋고, 자연스럽고, 정상적인' 성 문화만을 가져야 한다고 (실제 행하고 있는지와는 별개로) 말한다. 그래서 여배우와 감독의 불륜 소식에 온 국민이 벌떼처럼 일어나 욕을 쏟아내고, 동성애자로 커밍아웃한 연예인은 10년이 넘는 기간 동안 '국민 정서상 반감이 우려된다'는 이유로 공중파 방송에 출연하지 못했다.

우리는 굳이 말로 표현하지 않더라도 말해도 되고 행해도 되는 성, 행하기는 해도 말은 하지 않는 성, 행하지도 말하지도 않아야 할 성에 대해 본능적이다 싶을 정도로 자연스럽게 체화하고 있다. 하지만 단 한 번도 그것들을 가르는 기준은 무엇인지, 누가 왜 어떤 기준으로 좋은 성과 나쁜 성을 가르는지 생각해보지 못했다.

"성을 사유할 때가 왔다"라고 시작하는 게일 루빈의 글 〈성을 사유하기〉는 지난 100년 동안 일어났던 동성애, 사디즘과 마조히즘(S/M), 포르노그래피, 아동성애 등의 변천사를 아우르면서 우리가 무의식적으로 가지고 있는 성 체계와 규범, 자연적이고 일상적인 성이라는 것이 '만들어진' 것임을 폭로한다. 그는 성에 대한 사유를 할 때면 몇 가지 고질적인 특성들 때문에 자연스러운 사유를

페미니즘 고전을 다시 읽다

방해받는다고 말한다. 예를 들어 이런 것들이다. 성 본질주의, 성 부정성, 부적절한 척도의 오류, 성행위에 대한 위계적 가치 평가, 성 유해성에 관한 도미노 이론, 온건한 성 변이 개념의 결핍. 간략하게 설명하자면 이렇다. 성은 본질적인 것이고, 그것을 겉으로 말하는 것은 부적절하고 유해하다. 성행위에는 좋고 나쁜 위계가 암묵적으로 존재하고 이것은 온건한 성 개념의 결핍을 가져온다는 것이다. 이것들로 인해 우리는 성을 사유하기는커녕 성에 대한 온갖 고정관념과 편견의 벽에 가로막혀 제대로 된 성 지식을 알지도 못한 채 성인이 되었다. 게일 루빈은 "문화가 부여하는 의미에 영향 받지 않은 신체를 결코 본 적이 없다"고 말하는데 나는 문화가 부여하는 의미 자체에 대해 한 번도 제대로 사유해본 적이 없다. 사유도 못해봤는데 거기에 갇혀서 행동하면서 무슨 칸트의 정언명령인 양 지켜왔다고 생각해보니 억울하기 짝이 없다. 그렇다면, '좋은', '정상적인', '자연스러운' 섹슈얼리티는 무엇이고 '나쁜', '비정상적인' 섹슈얼리티는 무엇인가? 그는 이렇게 말한다.

"이른바 '좋은', '정상적인', '자연스러운' 섹슈얼리티는 이성애이어야 하고, 결혼 제도 내부에 있어야 하고, 일대일 관계이어야 하며, 출산해야 하고, 비상업적이어야 한다. 너무 나이 차이가 나지 않는 적어도 같은 세대에 속한 두 사람이 관계를 가지되 집에서 해야 한다. 포르노그래피, 페티시, 그 어떤 성인용품, 다른 배역

등이 결부되어서도 안 된다. 이러한 규칙을 어기면 '나쁜', '비정 상적인', '부자연스러운' 성교가 된다. 나쁜 성교란 동성애, 혼인 관계가 아닌, 문란한, 출산하지 않는, 상업적인 성교일 것이다. 자위 혹은 난교 파티에서 일어나거나 덤불숲 목욕탕에서 하는 성교일 것이다. 여기에는 포르노그래피, 페티시 대상, 성인용품, 특수한 배역 등이 결부되어 있을 것이다."

_〈성을 사유하기〉 (p.303)

여기에서 게일 루빈이 〈성을 사유하기〉를 쓴 당시의 상황을 설명하는 것이 좋겠다. 1970~80년대 페미니스트들 사이에서는 포르노그래피 규제에 관해 팽팽한 대립이 일어났다. 법학자이자 급진주의 페미니스트인 캐서린 맥키넌을 필두로 한 반포르노 페미니즘은 포르노를 여성에 대한 폭력이자 여성의 현실로 보고 이를 규제하고자 했다. 그리고 이에 반대한 포르노 규제 반대 페미니즘과 격렬한 논쟁을 벌인 것이다.

맥키넌을 필두로 한 반포르노 페미니즘 진영에서는 포르노를 '강간, 구타 등 여성에 대한 여타 폭력적 범죄를 장려하고 용인하는 문화적 이데올로기'라고 정의한다. 강간을 통해 지원되고 확장되는 남성 연대의 교과서적인 존재가 바로 포르노라는 것이다. 포르노는 이미 일상에 존재하는 남성과 여성 간의 불평등한 권력 관계를 영속화시키고 이는 여성에 대한 폭력성과 성차별성을 강화하며 성노동자들에 대한 학대를 부추긴다고 주장한다. 그들은 '포르노는 이론이고 강간은 실전이다'라는 말을 내세워 포르노가 단순히 환상이나 문화적 재현 양식 중에 하나이기보다 그 자체로 여성 시민권을 침해하는 폭력적 표상이라고 해석한다.

이에 대해 포르노 규제 반대 페미니즘 진영의 입장은 이랬다. 포르노그래피 자체를 불법으로 만들고 거기에 대한 처벌을 하는 것이 과연 바람직한가? 여성에 대한 폭력을 성애화하는 것(포르노그래피)과 여성에게 성적인 환상을 주는 것(에로티카) 사이를 어떻게 구별할 수 있는가? 법으로 포르노그래피를 심의한다고 할 때 그것이 표현의 자유를 해치는 또 다른 억압이 되는 것은 아닌가? 그 과정에서 보수 우파와 전략적 제휴를 맺는 것이 과연 바람직한가? 결국 반포르노 페미니즘은 '올바른 성'과 '바르지 않은 성'에 대한 암묵적 기준을 정해놓고 바르지 않은 성에 대한 제재를 가하면서 도덕적, 법적 질서를 구현하고자 하는 것 아니냐는 것이다. 이 대립에서 게일 루빈은 포르노 규제 반대 페미니즘의 가장 선두에 서 있었다.

그는 반포르노그래피 운동과 관련되어 흔히 보이는 동성애 혐오, 성을 다룬 예술 작품에 붙이는 '외설물'이라는 딱지, 게이 및 레즈비언 서적의 인쇄 거부와 폐기 시도, 동성애, 사도마조히즘, 소아성애를 위헌으로 선고하려는 주민 투표의 발안 등을 예로 들며 이것들이 모두 성을 부정하고 성행위에 대한 위계적 가치를 평가하고 있는 개념이라고 주장한다. 동성애와 사도마조히즘, 소아성애와 같은 개인의 성적 취향이 통념상 '성적 위계질서'의 하위에 위치하기 때문에 이들을 법적·사회적으로 배타하고 거부한다는 것이다.

나는 게일 루빈의 〈성을 사유하기〉를 총 세 번 읽었다. 그때마다 내 생각은 크게 달라졌다. 처음에는 그의 말에 수긍은 했지만 지지할 수는 없었다. 그는 "성법에 관한 나의 논의는 성적 강제나 성폭행 혹은 강간 등에 적용되지 않는다"라고 썼지만 위력과 권력에 의한 성행위가 자연스러운 것으로 받아들여지는 현실에서 무엇을 성적 강제나 성폭행 혹은 강간으로 설명할 것인가 의심스러웠다. 이것을 정의내리는 권력 자체가 이미 성차별적으로 오염되어 있는 것 아닌가. 여성이 성적 욕망의 주체가 된다는 말은 곧 주체적으로 성적 대상이 되어야 하는 지금의 현실을 의미하는 것 아니던가. 도대체 루빈이 살고 있는 세상은 내가 살고 있는 세상과 다른 곳인지 혼란스러웠다. 그러다 소아성애와 친족강간 또한 규제하면 안 된다는 주장에 이르면 이윽고 화가 나버리고 마는 것이다. 그가 말하는 '합의'가 누구의, 무엇에 의한 합의인가? 합의의 바탕에는 독립적인 주체가 그 내용을 인식하는 가운데 거기에 동의한다는 전제가 있어야 한다. 그런데 미성년자, 친족관계에서의 피해자를 독립적인 주체라고 말할 수 있을까? 소아성애와 근친상간을 범죄로 낙인찍는 것 또한 사회문화적으로 구성된 것이라고 해도 그것이 극단적 권력차 속에서 자신의 우월적 지위를 이용해 성을 착취하고 있는 것은 사실 아닌가? 그것마저 그들의 성정체성이라는 이름으로 존중하고 두둔한다면, 이것은 흡사 혐오 표현을 표현의 자유라는 이름으로 인정해달라는 맥락과 같은 것 아닌가? 포르노그래피 반대가 '피해자로서의 여성성'만을 강조한다는 것은, 피해자로서의 여성성만을 허락하는 사회적 현실을 외면하는 것 아닌가?

게다가 포르노는 한순간의 재미나 시간을 때우기 위해 소비되는 콘텐츠가 아니다. 남자들은 성에 눈뜨기 시작했을 때부터 나이 들어서까지 꾸준하게 포르노를 본다. 유용한 성교육 프로그램이 없는 우리나라의 경우(유용한 성교육서가 있다 해도 비슷하겠지만) 포르노는 실질적인 성교육서로 작용한다. 남자들은 어린 시절부터 포르노를 통해 자연스럽게 여성을 타자화하고 대상화하는 법을 배우며 왜곡된 여성상을 받아들인다. 포르노가 여성의 전반적인 삶에 미치는 부정적인 영향에 비하면 그것을 만들고 유통하는 것에 대한 처벌은 너무나도 작고 가볍고 사소하다. 거기에 헤어진 연인에게 보복하기 위해 유포하는 성적인 사진이나 동영상인 리벤지(revenge) 포르노까지 이야기하면, 정말 끝이 없다.

이렇게 강력하게 게일 루빈에 반대하던 나의 입장은 한 번 더 책을 읽으면서 조금 바뀌었다. 우선 포르노그래피 반대 운동이 포르노에 찬성한다는 뜻이 아님을 이해했기 때문이다. 또한 나 자신도 포르노 반대 운동의 취지는 이해하지만 방법은 잘못되었다고 느낀 것이다. 우선 포르노그래피라는 재현물에 규제를 두는 것은 너무 위험하다. 그것이 과연 원하는 성과를 낼 수 있는지에 대해서도 회의적이다. 어디서부터 어디까지가 예술이고 외설인지에 대해서 어떻게 선 가르기를 할 것이고 그 판단은 누가 할 것인가를 생각하면 불편해진다. 이는 루빈의 말대로 또 다른 '정상성'에 대한 위계를 만드는 과정과 다름 아닐 것이다.

우리가 집중해야 할 것은 실제의 현실이다. 무엇이 강간이고 강간이 아닌지에 대해 더 논의하고 협의하며, 강간이나 성폭행, 성폭력과 같이 본인의 의지에 반하지 않는 성행위에 대한 처벌을 더욱 강화시켜야 한다. 그것은 '피해자로서의 여성성'을 강요하는 것이 아니라 모든 범죄로부터 보호받을 '보편적 인권'의 행사이기 때문이다.

한편으로 포르노 규제를 원하는 맥키넌과 포르노 규제에 반대하는 게일 루빈 모두 궁극적으로는 성적인 억압과 체계로부터의 자유를 꿈꾸었던 것이 아닐까 하는 생각이 들었다. '자유'에는 크게 두 가지가 있다. '~로부터의 자유'와 '~로의 자유'. 맥키넌이 말하는 포르노 규제가 여성에 대한 폭력을 성애화하는 체계'로부터의 자유'를 꿈꾸었다면, 게일 루빈은 성의 위계가 없고 어떠한 섹슈얼리티 행위에 관해 어떠한 법적·사회적·도덕적 처벌도 필요치 않은 상태'로의 자유'를 원한 것은 아니었을까. '~로부터의 자유'를 꿈꾼 맥키넌의 이론이 이후 미국의 몇몇 주와 캐나다에서의 실질적 법률조항을 바꾸는 역할을 했다면, '~로의 자유'를 향한 루빈의 연구는 섹슈얼리티 본질에 관한 연구의 필요성을 깨닫게 함으로써 퀴어이론의 씨앗 같은 역할을 한다.

세 번째 책을 읽으면서는 루빈이 말하고자 하는 게 단순히 섹슈얼리티가 아니라 성적 시민권의 행사라는 생각이 들었다. 그는 게이라 불리는 이들이 인류 초기부터 존재했다고 설명하며 뉴기니의 미혼 남성, 17세기의 귀족 소도마이트와 같은 이들에게 게이로서의 자의식이 있었겠느냐고 되묻는다. 그들에게는 게이 술집, 집단 동질성에 대한 자각, 심지어 동성애라는 용어조차 없었다고 말이다. 이전 시대에는 이것들이 존재하긴 했지만 문제가 되지 않았을 뿐더러 고대 그리스에서는 오히려 장려되기까지 했기 때문이다. 그런데 사회에 널리 퍼져 있던 이들이 정상인과 분리되고 나누어져서 재배치된 원인은 무엇일까?

동성애자나 다른 성소수자들과 마찬가지로 창녀와 성 노동자는 산업화로 인한 인구 이동으로 새롭게 사회 조직화되었다. 그들은 '마약 및 성범죄 전담 경찰'의 일차 먹잇감으로 구획되어졌고, 비주류이자 외부자라는 정체성으로 위치하게 된다. 이 과정을 통해 성적 위계질서라는 기준이 사회적 계층화를 초래하는 데 영향을 주게 된 것이다. 이러한 위계질서는 실제로 사람들에게 현실적 제약을 가져온다. '정상적이지 않은 성행위'를 하는 사람들은 사회적·신체적 이동권을 박탈당하고 제도적 지원을 빼앗기며, 공인일 경우에는 대중의 존경심을 잃을 가능성이 농후하다. 성적 위계질서의 하층부, 즉 나쁘고 비정상적이고, 부자연스러운 행위를 직접 하다가 발각되는 사람들은 실제로 정신질환, 불명예, 범죄성, 사회적·신체적 이동 제약, 제도적 지원 상실, 경제적 제재 조치, 성범죄 기소를 당한다.

이렇듯 정상적인 성과 비정상적인 성의 위계를 정하고 그 경계를 나누는 것은 단지 사람들의 이데올로기 속에서만 존재하는 것이 아니다. 사회는 특정한 성 행동을 낮은 지위에 묶어두고 의학과 정신의학의 범주에서 심문하며 법의 심판을 받게 한다. 문제는 여기서 그치는 것이 아니다. 현대의 성 가치와 성애 행위를 둘러싼 갈등은 종종 거대한 사회적 불안을 비가시화하는 수단이 되곤 한다. 일종의 희생양 역할을 하는 것이다. 이는 우리나라에서 이렇게 현실화된다. 《양성평등에 반대한다》라는 책에서 인권운동가 한채윤은 〈왜 한국 개신교는 동성애 혐오를 필요로 하는가?〉라는 글을 통해 개신교가 동성애를 어떻게 이용하고 활용해왔는지 보여준다. 교회에 불리한 법이 만들어지던 때(사학법 개정), 개신교 내부의 추문(성추문, 건물 증축과 같은 성장주의)이 사회문제로

페미니즘 고전을 다시 읽다

대두되던 때, 그들은 '동성애 혐오'를 이슈화하면서 자신들의 추문을 덮어버린다. 한채윤은 여기에 대해 이렇게 말한다. "반동성애를 외치는 그들은 동성애를 진정으로 혐오하는 것이 아니라 동성애 혐오를 절실히 필요로 할 뿐이다."

게일 루빈의 글을 읽으며 영화 〈매트릭스〉에 나오는 파란 알약, 빨간 알약을 떠올렸다. 파란 알약을 먹으면 우리 주변에 무수하게 존재하는 섹슈얼리티에 대한 담론을 그냥 무심히 지나칠 수 있다. 예전의 내가 그랬듯이 남의 이야기라고 쉽게 옮기고 입방아를 찧으며 심심풀이로 소비하기도 할 것이다. 그러나 빨간 알약을 먹으면 하나의 행동, 하나의 언설, 하나의 제스처에도 그 무수한 역사와 함의와 사회성을 재고하지 않을 수 없게 된다. 곧 '맥락'을 고려할 수밖에 없게 되는 것이다. 어쩌면 내가 '소아성애자는 안 되고 동성애자는 된다'라고 말하는 것이(물론 아직도 감정적으로는 설득되지 않지만) 정상성과 비정상성에 대한 분류를 나누고 거기에 대해 문제화하는 것일지도 모른다. 그렇지만 더 중심적으로 들여다보아야 할 것은, '무엇이 정상과 비정상을 가르는가?'라는 질문일지도 모른다. 젠더처럼 섹슈얼리티도 정치적이다. 가장 비정상적이라고 말하는 섹슈얼리티들, 동성애, 사도마조히즘, 소아성애, 포르노그래피 같은 것들은 어떻게 비정상이라고 인식되었는지에 관한 권력의 배치를 눈여겨봐야 할 것이다. 그리고 그것이 아마도 페미니즘이 '맥락'을 보는 방식이 아닐까.

　페미니즘은 단일 사건만을 다루는 학문이 아니다. 여자vs남자, 좋은 놈vs나쁜 놈, 피해자vs가해자를 나누는 학문은 더욱 아니다. 오히려 어떠한 누적된 역사와 맥락이 지금 여기에서 특정한 그 '사건'을 발생하게 했는지 그 씨줄과 날줄을 하나씩 세심하게 분류하고 그것들의 권력과 역학 관계를 논하는 학문이다. 나는 내가 맥락을 볼 수 있는 사람이 되길 바란다. 내가 언제나 원하던 '따뜻한 페미니즘'은 맥락을 보는 사람들에게서만 느껴지는 아우라 같은 것이었다. 맥락을 본다는 것은 어쩌면, 빨간 알약을 먹고는 "임금님은 벌거벗었대요!"라고 외치게 되는 일인지도 모르겠다.
　나는 이 책을 읽고 난 뒤 게일 루빈의 프로필을 찾아보았다. 그는 레즈비언이자 사도마조히스트로 커밍아웃한 1949년생의 문화인류학자라고 되어 있다. 그의 삶이 평범치 않았음을, 오랜 시간 고민하고 고통받고 회의하는 시간이 있었음을 어렵지 않게 짐작할 수 있었다. 그의 글을 읽으며 그의 사진을 한참 바라보았다. 누군가의 고통이 인식론적 자원이 되어 자신의 고통을 역사적 산물로 인식하고 그 계보를 밝혀낸 글을 써낸다. 이렇게 우리는 한 명의 고통받은 사람으로부터 사유의 자원을 받는다. 그 사유를 바탕으로 우리의 생각도 한 발 더 나아갈 수 있게 되었으리라. 그는 자신의 다른 논문 〈여성거래〉에서 말했다.

"개인적으로 나는 페미니즘 운동이 여성 억압의 철폐 그 이상을 꿈꾸어야만 한다고 생각한다. 그것은 또한 강제적 섹슈얼리티와 성 역할들의 제거를 꿈꾸어야 한다. 내가 생각하기에 가장 설득력 있는 꿈은 양성적이며 (섹스가 없진 않겠지만) 젠더가 없는 사회에 대한 꿈이다."

_〈여성거래〉(p.139)

나도 그와 같은 세상을 꿈꾼다.

복잡한 것을 복잡하게 보기

〈젠더〉,《페미니즘의 위대한 역사》

페미니즘을 공부한다고 했을 때 많은 이들이 나에게 따지듯이 물었다. "이제 남녀가 평등한 세상인데 페미니스트들은 왜 지나간 일을 지금 이야기처럼 해대는 것이냐.", "남녀 갈등만 일으키는 페미니즘이 도대체 무엇을 말하려는 건지 모르겠다.", "차라리 선택의 여지가 없었을 때가 더 편했을 것 같다.", "우리는 이미 평등한 세상에 와 있다.", "차이를 존중해달라는 건 여성한테만 우선권을 달라는 뜻 아니냐."

가장 황당했던 말은 이거였다. "페미니즘은 여성 우월주의 사상 아니냐?" 그렇게 쏟아내던 불평들은 논쟁에 논쟁을 잇다가 결국 다음과 같은 질문으로 돌아가곤 했다. "도대체 페미니즘이 뭐냐?"

〈젠더: 역사 분석의 유용한 도구(Gender: A Useful Category of

Historical Analysis)〉에서 저자인 조앤 스콧은 여성사 연구자에게 닥친 곤궁한 현실을 보여준다. 여성에게도 역사가 있었다든가, 서양 문명의 중요한 정치적 변혁에 여성도 참여하고 있었다는 것을 증명할 경우, 페미니스트가 아닌 대부분의 역사가들은 고개를 끄덕이고 난 뒤 묵살해버리거나 혹은 "그렇다고 우리의 이해가 달라지는 것은 아니다"라고 못박아버렸던 것이다. 스콧은 이러한 반응이 '이론에 관한 도전'이라고 말하며, 분석 카테고리로써 젠더를 활용할 것을 제안한다.

기존의 '젠더'가 생물학적 성이 아닌 사회문화적 성 차이를 말하는 것이었다면, 스콧의 젠더는 그 차이에 의미를 부여하는 권력관계에 대해 이야기한다. 그렇게 되면 젠더는 역사를 바라보는 하나의 분석 개념으로 기능하게 된다. 즉, 기존의 역사가 주변화된 여성의 역사에 초점을 맞추는 데 주력했다면, 스콧은 젠더를 역사 연구의 프레임으로 가져오면서 다음과 같은 질문을 할 수 있게 된다. "왜 여성들이 주변화되게 되었는가, 그 속에 존재한 권력 관계는 무엇인가? 또 그것이 역사 속에서 어떻게 형성되고 특정 문맥 속에서 어떻게 작용하는가?"

이것은 지난 페미니즘의 역사를 통해서도 배우게 된다. 자유주의 페미니즘은 여성이 모든 일을 할 때 남성과 동일선상에 놓임으로써 여성의 차별적 현실을 변화시켜야 한다고 설파했다. 이들은 직업이나 교육 기회의 균등을 요구하며 모든 면에서 남성과 동등해질 것을 기대했다. 그들이 실천한 페미니즘 운동들은 '남자처럼 노동자로 일할 권리를 갖기', '여성에게만 있는 성공에 대한 두려움을 극복하기', '남성처럼 협상하고 성공하기' 등등이다. 이는 물론 여성의 사회 참여에 한걸음을 떼게 한 소중한 계기가 된다. 그러나 한편으로는 수많은 명예 남성(남성 중심의 사회에서 자신이 연약한 여성이 아니라는 것을 증명하기 위해 남성과 동등하거나 남성들보다 더 위협적인 존재처럼 보이려 하는 여성)들을 양산했으며, 이는 어떤 의미에서 여성적인 특징들이 바로 여성 자신을 열등한 원인이라 보는 반여성적 여성주의 경향을 보여주기도 했다.

이에 비해 마르크스 페미니즘은 여성의 차별적 상황을 외부적 상황, 기본적으로 사회의 경제적 구조에서 찾는다. 여성 억압은 남성의 사유 재산권 행사에서 비롯된, 사유 재산 제도에 따른 계급 억압의 한 형태라는 것이다. 따라서 여성의 문제는 사유 재산 제도를 없애 계급 문제를 해결함으로써 제거되리라 진단한다. 그렇지만 그들이 생각하는 경제적 구조에서는 여성의 노동에 대한 사유 자체가 누락되어 있다.

이에 대한 반발로 급진주의 페미니즘이 나온다. 그들은 여성 차별 현상은 경제 계급 구조의 부수 현상이 아니라고 주장한다. 여성의 사회적인 관계를 결정하는 것은 생산 관계가 아닌 재생산(출산) 관계이다. 출산을 여성 통제로 이용하는 가부장제가 여성 억압의 기초가 된다는 것이다. 가부장제의 근원은 경제적이거나 역사적인 데 있는 것이 아니라 생물학적인 데 있다. 스콧은 이에 대해 '신체적 차이'라는 단일한 변수에 의존하는 이론은 젠더의 비역사성을 전제로 하고 있다고 비판한다.

급진주의 페미니즘이 여성에 대한 남성의 지배와 억압을 이론적으로 설명해냈다면, '교차성'이라는 개념에서는 젠더뿐 아니라 인종, 계급, 섹슈얼리티, 민족, 이주 상태, 장애 여부, 시민적 권리와 같은 다양한 차이의 축이 맞물리면서 일어나는 지배와 억압을 설명한다. 권력과 지배가 작동하는 방식과 구조에서 교차되는 다양한 축들의 끊임없는 선별과 배제, 위계화를 통한 권력의 작동 방식을 파악하게 도와준다. 단순히 여성들의 다양성을 강조함으로써 오히려 다양성을 중립화시키거나 무화시키는 데 그 목적이 있는 것이 아니라, 억압을 단선적으로 파악하거나 설정하지 않기 위한 방법을 알려준다.

이 페미니즘의 논의를 거쳐오는 동안 젠더의 의미도 달라진다. 즉, 기존의 역사가 주변화된 여성의 역사에 초점을 맞추면서 비가시화되어 있던 반쪽의 역사를 복원하는 데 중점을 두었다면 (거다 러너), 스콧이 젠더를 역사 연구의 프레임으로 가져오게 되면서 왜 여성들이 주변화되었는지, 그 속에 존재한 권력 관계는 무엇이었는지, 그것이 역사 속에서 어떻게 형성되고 특정 문맥 속에서 어떻게 작용했는지를 살펴보게 되는 것이다. 이를 경유한 퀴어

이론에서 문제로 삼는 건 애초에 이분법적인 성별 범주와 그에 따른 속성, 이성애 섹슈얼리티나 특정한 욕망 등을 본질적이고 고정 불변한 것으로 여기게 만들어온 권력의 작동 방식이 된다.

스콧은 또 다른 그의 책《페미니즘의 위대한 역사》에서 프랑스 혁명기 페미니스트들이 처한 현실을 분석한다. 그들이 서로 각기 다른 방식으로 여성 해방과 보편적 인권의 획득을 꿈꾸었음을 보여주고, 그들이 각기 다른 방식으로 실패하도록 강요받았음을 드러낸다. 중요한 것은 이때 스콧의 초점이 '누가' 페미니스트인가를 가려내려는 게 아니라는 점이다. 그는 페미니스트는 '어떻게' 만들어졌는가라는 역사적 맥락을 문제시한다. 그럼으로써 우리는 더 큰 질문, 프랑스 혁명기의 전제인 '인간'과 '여성'이 어떻게 불화하게 되었는지에 대해 그 원인과 작동 방식을 따져 물을 수 있게 된다. 스콧은 프랑스 혁명이 표방한 '자유·평등·박애'라는 원칙이 가진 한계를 폭로하고, 근대의 인간과 여성이 왜 양립 불가능한지에 대해 면밀히 파헤친다. 인간의 보편적 권리를 행사하려면 '개인'이 성립되어야 하는데, '개인성'은 '남성성'과 동일한 것으로 파악된다. 근대 이후 모든 경제와 정치의 기준으로 작동하는 인간과 여성의 범주를 문제시하면 그 속에서 병합하고 대립하는 다양한 차원의 문제들(차이와 평등, 자유주의와 시민의 권리, 보편적 인권 담론 등)을 드러내게 된다. 정확히 말하자면 '차이와 평등의 기준이 되는 그 인간이란 누구인가?'라는 질문이 바로 근대 사회의 구성 전제와 작동 방식의 역설 그 자체임을 드러내는 것이다.

이러한 스콧의 논의를 통해 나는 페미니즘에서 그동안 계속되었던 '차이냐 평등이냐'라는 질문이 뫼비우스의 무한띠처럼 반복되는 근본적인 이유를 알게 되었다. 페미니즘과 관련된 논의를 할 때 우리는 흔히 차이가 더 중요하다, 평등이 더 중요하다 식으로 논의를 전개해나가기 쉽다. 차별의 이유가 차이인 것이 정당하냐, 평등은 기회의 평등을 의미하냐 결과의 평등을 의미하냐, 차이를 인정하면서 평등을 이룬다는 것이 과연 가능하냐. 이런 중요하면서 다양한 질문들에 답하다 보면 너무 쉽게 함정에 빠지게 된다. 차이와 평등은 양립 불가능한, 꼭 하나를 선택해야만 하는 가치라는 관점에 빠지고 마는 것이다. 그러나 스콧의 관점에 따라 이 문제에 대한 논리를 전개하다 보면, 차이냐 평등이냐 중에 무엇을 선택하는 게 가장 옳으냐가 문제의 전부가 아님을 깨닫게 된다. 더 중요한 것은 차이와 평등을 다루는 그 '기본 설정값'이 무엇인가이다. 즉, 성인 남성을 표준으로 삼고 계속해서 차이냐 평등이냐를 외치면 영원히 이 문제를 해결할 수 없게 된다.

나는 최근 노동을 공부하면서 이 문제를 너무나도 절실하게 깨닫고 있다. 차이에 맞추어서 육아 휴직을 강화하든, 평등에 맞추어서 여성의 사회 진출을 늘리든 여성의 처지가 근본적으로 나아지지 않는다는 곤궁함은 여전하다. 이럴 때 그 기준 자체가 성인 남성의 노동으로 설정되어 있음을 깨닫는다면, 그 기본값 자체를 바꿀 수 있겠다는 생각을 하게 된다.

장애인 문제를 예로 들어보자. 장소는 그 자체로 시민권을 반영한다. 계단이 많은 육교, 자막이 없는 극장, 엘리베이터가 없는 지하철역, 휠체어가 들어갈 수 없을 정도로 좁은 화장실 등, 이 모든 것은 비장애인을 사회의 기본값으로 설정하고 만들어진 장소이기 때문에 생기는 문제들이다. 만약 장애인을 시민권의 기본 설정값으로 지정하고 장소를 만들어간다면 세상은 어떻게 달라질까? 노동자의 기본값을 '성인 남성 생계 부양자'가 아닌 '보편적 돌봄 노동자' 모델로 전환한다면 어떻게 될까? 진정 다른 모습의 세상을 마주하게 될지도 모른다.

스콧의 책을 읽고 나서야 그동안 내가 '정체성의 정치학'에 매몰되어 있었다는 것을 알았다. 물론 정체성의 정치학은 페미니즘의 역사에서 매우 중요하다. 페미니즘은 처음부터 자신을 '여성'이자 '억압받는 이'들로 정체화한 사람들의 의식과 해방 활동을 통해 만들어진 학문이다. 이는 페미니즘만의 문제도 아니다. 마르크스는 자본주의에 맞서기 위해 프롤레타리아 계급으로서의 정체성을 자각했고, 흑인들은 인종차별에 맞서기 위해 흑인이라는 인종 계급의 정체성을 자각하게 되었다. 이러한 정체성의 정치학은 그 자각을 통해 집단적 힘을 갖추고 정치적 역량을 실천할 수 있었던 것이다. 그러나 이것이 그렇게 자명한 것일까?

정체성 하면 흔히 생각나는 것으로 '중산층', '한민족', '노동자' 같은 것도 있다. 그런데 이것들이 과연 정체성인가라고 물으면 많은 이들이 그건 허구라고 말할 것이다. 이것들은 일관성과 연속성을 가지고 있는 것이 아닌 유동적이고 변화 가능한 것이기 때문이다. 한 번 중산층이 영원한 중산층도 아니며, 한민족이라는 순수한 정체성에 대한 의구심은 손에 꼽고도 남는다. '노동자'이지만 자본가 정체성을 가지고 있는 사람은 이미 차고도 넘쳐난다. 이것은 성과 젠더에도 똑같이 적용된다. 스콧은 페미니즘이 공통된 억압과 차별의 구조를 바탕으로 한 특정한 집단적 정체성을 중심으로 해방의 조건을 찾는 대신 정체성의 범주와 규범, 이를 규율하려는 힘들을 문제 삼고 이를 해체해나가야 한다고 강조한다. 이렇게 생각하자 어렵게만 느껴지던 버틀러나 스콧의 말이 이해가 되었다. 중요한 것은 정체성 자체가 아니라 정체성을 형성하고 그에 따라 행동하도록 하는 데에 영향을 미치는 다양한 영향과 조건, 관계들임을 인정하게 된 것이다.

스콧의 책을 읽으면서 한편으로 혼란스럽기도 했다. 권력의 작동 방식을 문제 삼고 해체해나가야 한다는 건 나도 안다. 그런데 그것을 현실에서는 어떻게 실천하는가? 억압의 구조를 파악한다고, 권력을 역사화한다고 치자. 그래서 현실의 숱한 강간범들이 없어지나? 아내 폭력이 사라지나? 오히려 지금 당장 필요한 건 동일 범죄 동일 처벌과 같은 평등한 규제 아닌가? 현실의 수많은 '김지은'들이 편파판정에 괴로워할 때 '성차별은 역사화되어 있다'고 이야기하는 것이 과연 도움이 될까라는 의문이 끊이지 않았다. 여성의 경험이 사회문화적으로 구성된 것이기 때문에 경험을 경험 그 자체로 받아들이지 말아야 한다는 말은, 그렇다면 어떤 경험을 분석해야 한다는 것인지 헷갈리게 했다. 젠더가 만들어지는 역사적 과정을 보라는 말은, 현실에서 일어나는 이 부조리함에는 눈감고 있으라는 것이냐고 오해하게도 했다.

그러나 스콧의 책을 거듭 읽으며 스콧의 관점이 현실의 페미니즘 실천 운동을 얼마나 다양하게 발전시킬 수 있는지 깨닫게 된다. 성폭행을 예로 들어보자. 예전에는 여성의 정조가 너무 중요한 사회였기에 성폭행을 당하면 자살하는 여성이 많았다. 그런 의미에서 여성의 정조에 대해 맥락화한다는 건 이런 거다. 여성의 정조는 주인인 남성의 권위와 직결되는 것이라는 사회적 배경이 있었고, 그것은 가부장제 계급 사회에서 여성의 가치를 평가할 수 있는 유일한 기준이었다. 그런데 여성의 가치를 정조로 따지는 사회가 아니라면, 즉 여성이 이미 사회적으로 독립된 개인이고 가부장제가 그렇게 중요한 사회가 아니라면, 정조를 잃었다고 해서 여성들이 목숨을 끊지는 않을 것이다. 그렇게 보면 지금의 성폭행도

경찰서에서 해결해야 할 일이지 피해 여성을 '인생 끝난 여성', '볼 장 다 본 여성', '강간생존자'처럼 여러 과해석된 의미를 덕지덕지 붙이면서 피해자성을 확대하는 것도 결국 가부장제에서 필요로 하는 여성성의 한 부분이라는 생각이 든다. 수동적 여성, 피해자화된 여성 말이다.

그런데 한편으론 직장이나 연인, 부부관계에서 일어나는 모든 문제에 '성'이 들어가는 순간 피해자에게 과실을 돌리고 개인의 문제로 환원해버리는 지금 사회에서 특정 성에 대한 일상적 폭력을 가시화할 필요가 있음은 자명해 보인다. 그리고 이를 해결하기 위한 실천 운동은 계속해서 필요하고 아직 바꿔야 할 것들이 태산이다. 그렇다고 그 실천 운동이 꼭 단 하나의 방법일 필요는 없을 것이다. 우리 모두 같은 목표를 향해 동일한 사안을 가지고 동일한 띠를 두르고 동일한 구호를 외쳐야만 할까? 해일이 몰려오는데 조개나 주울 거냐면서 급박하지 않은 문제니 천천히 생각해보자는 말로 여권 운동은 그 모든 사회운동 속에서도 항상 뒤로 밀리지 않았던가?

페미니즘은 여성의 관점만이 모두 옳다고 주장하는 학문이 아니다. 남성의 패권을 뺏는 것만을 목표로 하는 실천 운동은 더더욱 아니다. 페미니즘은 정상적이고 객관적이라 불리는 세계의 속을 뒤집어보는 대항(對抗)담론이며 그 근본부터 파헤쳐보자는 시선이고 세계관이다. 이런 시선을 통해 내가 깨닫게 되는 것은 결국 '복잡한 것은 복잡하게 풀어야 한다'는 사실이다. 복잡한 것을 복잡하게 푼다는 것은 무엇인가? 페미니스트 과학자 해러웨이는 지식과 관점의 부분성을 인정하는 '상황적 지식(situated knowledge)'을 새로운 인식론으로 제안한다. 간단히 말하면, 사람에게 정해진 정체성이라는 것은 없고 모든 사람의 정체성은 각자가 처한 흐름 속에서 시시각각으로 변한다는 것이다. 생각과 비전 또한 거기에 따라 매순간 달라지기 때문에 궁극적으로 부분적일 수밖에 없다. 모든 지식 역시 부분적이고 상황적이다. 이렇듯 지식이 부분적이고 상황적이라는 것을 인식하는 데서 인식의 객관성이 생긴다는 것이다. 즉, 인식의 객관성이란 절대 불변하는 진리가 있어서 그것을 앎으로서 생기는 것이 아니라, 자신이 가진 지식의 부분성과 상황성을 인식하고, 성찰적으로 비판하는 데서 연원한다. 자신의 위치를 자각하고 맥락을 보고 권력이 경합되고 배치가 일어나는 장을 보아야 한다는 것이다.

우리는 구체적인 역사적·문화적 맥락 속에 살아 있고, 그 안에서 특정 사안에 따라 정치적 정체성을 가지면서 문화적 위치성을 지닌다. 가부장제를 성(城)이라고 한다면 우리는 언제라도 성 안팎의 사람이 될 수 있고 외부자의 내부자, 내부자의 외부자가 되어 두 개의 눈으로 그것을 관찰할 수 있다. 그때 계속해서 성에 돌을 던지는 것만으로는 충분치 않다. 성이 세워진 기반 자체가 취약하고 무르며 고정불변한 것이 아님을 아는 것 자체로도 성은 스스로 무너질 수 있다. 그 두 가지 전략을 따로 또 같이 활용할 수 있는 모든 것이 바로 페미니즘 실천이지 않을까?

　복잡한 것을 복잡하게 풀기 위한 방법은 무엇일까? 내가 생각한 결론은 이런 거다. 우리는 자신의 자리에서 각자의 페미니즘을 실천할 수 있다. 나는 지금 여기서 기혼유자녀 여성으로서 가부장제 부역자가 아닌 아줌마의 페미니즘을 고민하고 실천할 거다. 무엇보다 그 과정에서 어려운 문제를 쉽게 풀려고 퉁치지 말자. 이것이 최근 내가 페미니즘에서 배운 또 하나의 교훈이다.

여성과 남성에 대해
다시 생각하기

《여성의 남성성》, 《젠더 트러블》

여성학 공부를 하고 몇 가지 관련 활동을 하고 나서야 나는 내가 얼마나 '스트레이트한' 인간인지 깨달았다. 성전환 수술을 하는 사람의 비율이 MTF(Male To Female, 남성에서 여성으로 전환하는 것)의 경우 2만 명당 한 명 가량이라는데, 내 주변에는 그런 사람도 없고 나에게 자신의 남성적(혹은 여성적) 경향을 털어놓거나 동성애적 성향을 고백하는 이도 마흔 넘는 세월 동안 단 한 명도 없었다. 누군가가 동성애에 반대한다고 말하면, "그것이 반대할 만한 성질의 것인가? 누군가 당신의 이성애에 대해 반대한다고 말하는 게 말이 되는가?"라고 반문하지만 실제 동성애자의 삶이나 일상, 고민에 대해서 깊이 생각해본 적은 없었다. 실제로 나는 동성애자와 트랜스섹슈얼도 잘 구분하지 못했다. 그러니까, 젠더가 분명히 구별되는 것이 아니고 스펙트럼처럼 분포된 영역이라는 것을 머리로는 인지하고 있었지만 한 번도 그것을 의심해본 적은 없었던 것이다.

〈대니쉬 걸〉과 〈소년은 울지 않는다〉 이 두 영화는 모두 실화를 바탕으로 한다. 〈대니쉬 걸〉은 세계 최초로 성전환 수술을 한 덴마크의 예술가 에이나르 베게너의 이야기이다. 주인공 에이나르는 유명한 풍경화 화가로 초상화를 그리는 아내 게르다 베게너와 함께 행복하고 화목한 일상을 꾸려간다. 어느 날, 게르다의 모델이 자리를 비우자 그녀는 남편인 에이나르에게 대역을 부탁한다. 그것도 여장으로! 드레스를 입고 캔버스 앞에 선 에이나르는 이제까지 한 번도 느껴본 적 없었던 감정의 소용돌이를 마주하게 된다. 그의 또 다른 모습은 바로 '릴리'. 결국 에이나르는 성전환 수술을 하게 되고 이렇게 말한다. "I am entirely myself(나는 완전히 나 자신이다)."

〈소년은 울지 않는다〉의 주인공 티나 브랜든/브랜든 티나는 추호의 의심도 없이 자신을 남성이라고 생각한다. 하지만 그의 몸은 여자. 여자를 좋아하는 레즈비언임을 인정하라는 동생의 말에 그는 화를 낸다. 그는 정말로 자신이 '남자'라고 믿고 있는 것이다. 얼마 뒤 그는 낯선 동네에서 그 동네의 불량 패거리들과 어울려 밤을 지새우고 그중 한 여성과 연인이 된다. 하지만 그는 이후 어울리던 불량 패거리에 의해 여성임이 밝혀지고 그들에게 강간당한 뒤 무참히 살해된다.

이 영화를 보고 《여성의 남성성》이란 책을 보았더니 어떤 부분도 허투루 읽히지 않았다. 처음 책을 펼치기 전에는 '여성의 남성성'이라는 게 심리학에서 말하는 아니마(anima, 남성이 지니는 무의식적인 여성적 요소)와 아니무스(animus, 여성이 지니는 무의식적인 남성적 요소) 정도의 개념이 아닐까 생각했는데, 그보다는 영화 속의 브랜든, 즉 '자기가 여자이기보다는 남자라고 느끼는 여자들에 관한 이야기'였다. 《여성의 남성성》의 서문에서 저자 핼버스탬은 자신이 '남자애 같은 여자애'였고, 지금은 '남자 같은 여자'라며 생애 대부분의 시간 동안 사람들이 자기에게 보이는 반응을 살피며 자신의 남성성을 부끄럽게 여겼다고 고백한다. 그렇게 스스로를 부끄럽게 여기는 과정에서 그는 자신의 상처를 인식론적 자산으로 삼아 지식으로 승화시켰다. 모호한 자기 삶과 정체성을 해명하고 정당성을 주장하는 가운데 제도적 이성애와 젠더 이원론이 아닌 '젠더 스펙트럼'과 '퀴어'에 대해 다시 한 번 생각하도록 만든 것이다. 그는 부끄러워하기를 강요받던 남성적 여성이라는 '낙인'이 오히려 부여하는 현실을 뒤바꿀 '힘'이 되었다고 말한다.

저자를 묘사한 것이 분명해 보이는 표지의 그림과 속표지에 실린 사진을 보면서 나는 브랜든을 떠올렸다. 머리를 짧게 치고 침을 발라 옆머리를 넘기던, 납작한 가슴을 압박붕대로 감고 남자 팬티를 입고 남자 화장실에 가서 볼일을 보는 '그'를 말이다. 이쯤 되면 다시 생각해볼 수밖에 없다. 생물학이 과연 운명이긴 한 건가. 어쩌면 그 운명은 우리가 만들어낸 것은 아닌가. 《젠더 트러블》의 저자 주디스 버틀러는 이렇게 말한다.

"'섹스'는 무엇인가? 그것은 자연적인 것인가, 해부학적인 것인가, 염색체인가, 호르몬인가? (중략) 섹스가 불변의 특성을 지녔다는 것이 논쟁선상에 있다면, 아마도 '섹스'라 불리는 이 문화적인 구성물은 젠더만큼이나 문화적으로 구성된 것이 될 것이다. 어쩌면 섹스는 언제나 이미 젠더였을지도 모른다. 그 결과 섹스와 젠더는 전혀 구별될 수 없는 것으로 판명된다."

_《젠더 트러블》 (p.97)

처음부터 생각해보자. '여자'라는 정체성은 어디서 오는가? 보부아르는 '여자는 태어나는 게 아니라 만들어진다'고 하는데, 버틀러는 이를 좀 더 전복적으로 읽어낸다. 성이 고정된 채 젠더화된 인간으로 만들어지는 게 아니라 성 그 자체가 사회문화적으로 구성되어 결정된다는 것이다. 그의 말에 따르면 성 자체가 이미 젠더이다. 버틀러는 이를 논증하기 위해 미셸 푸코의 《성의 역사》에 나오는 에르퀼린 바르뱅의 이야기를 주의 깊게 인용한다. 그/그녀는 평범한 소녀 알렉시나로 자라 여자로 길러졌지만, 10대 후반까지 초경이 없었고 유방이 발달하지 않았으며, 수염이 나는 등 남성에게 나타나는 2차 성징을 보이기 시작한다. 그는 이후 자신이 남성임을 알게 되고 법적으로 남자라는 판결을 받는다. 그러나 남성 정체성에 적응하지 못한 그는 결국 스스로 목숨을 끊어 생을 마감한다.

《양성평등에 반대한다》라는 책에서 정희진은 남성/여성의 고정성에 대한 신화를 깨부순다. 이 글에서 질의 발육 부진 상태로 태어나는 아이의 경우는 6,000명당 한 명, 난소와 고환 조직을 모두 가진 채 태어나는 경우는 8만 3,000명당 한 명, 성기 모양을 '정상화'하는 수술을 받는 태아는 1,000명당 한 명 혹은 두 명이라고 말한다. 인류의 존재 이후 이들은 항상 일정한 숫자로 존재했다. 쥐도 새도 모르게 가려져 보이지 않게 되었지만 말이다. 그렇다면 섹스가 정말 고정되고 자연화된 불변적인 것인가? 버틀러는 이렇게 말한다. 섹스 같은 건 없다. 오직 젠더만 있을 뿐! 이때 우리는 '정체성'이라는 말을 떠올릴 수 있다. 여성이라고 범주화되고 정체화된 공통의 정체성이라는 것은 도대체 무엇인가? 이제껏 여성인 줄 알았던 나는 누구인가? 당신은 누구인가? 버틀러는 이렇게 말한다.

"문제는 이런 것이다. 즉 젠더를 형성하고 구분하는 규제적 관행은 어느 정도까지 정체성, 주체의 내적 일관성, 실로 그 사람의 자기 동일적 상태를 구성하게 되는가? '정체성'은 과연 어느 정도로 경험에 관한 기술적 특질이기보다는 규범적 이상인가? 또한 젠더를 지배하는 규제적 관행은 어떻게 문화적으로 인식 가능한 정체성의 개념을 지배하는가? 다시 말해 '사람'의 '일관성'과 '연속성'은 그 사람됨의 논리적이거나 분석적인 특질이 아니다. 그보다는 사회적으로 구성되고 유지되는 인식 가능성의 규범들이다."

_《젠더 트러블》 (p.115)

우리에게 고유한 정체성이란 없다. 우리는 자신의 다양한 모습들 중 자신이 인정한 것에 한해서만 정체성으로 받아들인다. 받아들인 정체성 개념을 이해하고 나면 우리가 현실에서 마주치는 숱한 인지부조화를 설명할 수 있게 된다. 왜 가난한 사람들이 부자들을 위한 정당에 투표하는지, 왜 여성들이 자신을 폄훼하고 혐오하는 남성들에게 이끌려 가는지, 왜 어떤 남자는 화장하면 안 되는지 속상해하고, 왜 어떤 여자는 화장을 안 하면 안 되냐고 화를 내는지. 우리에게 '원래 그런 정체성'이란 것은 없다. 본질 같은 건 더더욱 없다. 내가 행위하는 게 곧 나인 것이다. 물론 그렇다고 젠더가 탈부착이 가능한 임시적인 성질을 가졌다고 말하는 것은 아니다. 버틀러는 '젠더하기'는 '특정한 문화적 의미화의 행위'라고 말하며, 사회적으로 만들어진 법의 강요에 의한 수행임을 명백히 주장한다.

버틀러의 통찰은 여기서 그치지 않는다. 그렇다면 우리는 왜 '젠더화된 성'으로 길러지는가? 버틀러는 그 중심에 남/녀로 규정된 이성애 제도와 규범성이 존재한다는 것을 폭로한다. 버틀러는 남성과 여성 두 젠더만을 상정하는 젠더 이분법의 체계 바탕에는 이성애주의가 깔려 있다고 말한다. 이 제도적인 이성애 체계 속에서 우리는 젠더를 남과 여라는 이원적이며 대립적인 구조로 설명하고 바라본다는 것이다. 그렇다면 그것이 해부학적 사실에 의한 성별 분리와 무엇이 다르냐고 비판할지도 모른다. 여기서 버틀러는 페미니즘의 계보학을 통해 어떻게 남성성, 여성성이 생겨났는가를 역추적해나간다. 그리고 젠더가 실재하는 어떤 근본적 속성을 지니거나 필연성을 갖지 않았다는 사실을 밝혀낸다.

간단히 말해 섹스 또한 젠더의 결과이기 때문에 여자라는 집단 혹은 단일한 범주로 묶어낼 수 있는 사회적 공통성과 신체적 기반은 환상에 불과하다는 것이다. 성별의 차이나 차별이 불가피한 게 아니라 인간을 성의 기준으로 구별하면서 작동하는 시스템으로 이 사회가 발전해왔기 때문에 성별이 만들어졌다. 내가 이해한 건 이런 것이다. 인간의 DNA는 모두 스물세 쌍으로 이루어져 있다. 그중 성별을 결정하는 염색체는 한 쌍 뿐이다. 우리가 성별이 아닌 눈동자 색이나 키, 발 사이즈가 중요한 세상에 살고 있다면 그 세상에서 성염색체의 다름은 크게 중요하지 않을 것이다. 마치 제국주의가 있기 전까지 피부색이 크게 중요하지 않았던 세상에서 우리가 살았던 것처럼 말이다. 그런데 우리는 지금 성이 너무나도 중요한 세상에 살고 있다. 이러한 젠더 이원 체계는 '강제적 이성애 규범성'을 바탕으로 유지, 지속되고 이 틀 밖의 것은 모두 병리가 된다. 버틀러는 이를 지적하면서 강제적 이성애 질서의 구조 자체를 해체하고자 한다. 이렇게 젠더는 주어지는 것이 아니라 행위하는 것, 즉 수행성(performativity)이 된다. 젠더는 고정된 정체성이 아니다. 젠더는 '특정한 몸의 행위와 그에 따른 효과가 생산해낸 결과'일 뿐이다.

기울어진 운동장의 아래쪽에 위치하는 '여성'이라는 정체성에 의거하여 운동장을 바로 세워보겠다고 나타난 페미니즘에(이름까지 '여성학'인 학문에) "여성이라는 정체성은 없다"고 말한 사람이 나타났다. 그 이후 페미니즘은 어떻게 되었을까? 페미니즘 내부의 격렬한 싸움에 휘말리면서 지리멸렬하게 사라졌을까? 현실의 여성 문제에는 신경을 쓰지 않게 되었을까? 아니면 페미니즘의 저변을 넓힌 일이 되었을까? 나는 버틀러를 읽으면서 참으로 다양한 양가감정을 느꼈는데, (너무 어려워서라는 이유만은 아니다. 물론 그 이유가 크긴 했지만) 처음 그의 책을 읽었을 때는 욕지기가 치밀어 오르기도 했다.

첫째, 나는 버틀러가 여성의 구체적인 경험을 배제시키면서 우리의 감정을 이해하지 못한다고 느꼈다. 예를 들면, 밤길을 걷다가 뒤에 누군가 따라오는 발소리를 들으면 두려움을 느끼는 것이 과연 나의 수행성의 문제인가? 나의 몸에 대한 기억, 어떤 상황과 장소에서 몸으로서 느껴지는 죄책감, 수치심, 두려움은 실제가 아닌가? 섹스마저 젠더라는 버틀러의 말에는 내가 느끼는 몸과 감정에 각인된 여성성마저 모두 담론적 허구라는 뜻인가 하는 의심마저 들었다. 둘째, 실제적인 현실 속 페미니즘 실천과의 연관성에 관한 고민이다. 여성주의 운동은 이제까지 상품화된 성, 성매매 문제, 아내 폭력, 남녀차별 임금 등 여성에 일방적으로 가해졌던 문제들에 대해 이름 붙이고 그 차별을 없애기 위해 노력해왔다. 그런데 '여성'이 없다면 그 문제들은 누구에게서 일어나고 있는 것인가? 버틀러의 이론을 받아들여 이 모든 것을 수행의 문제라고 여긴다 해도 우리는 현실에서 무엇을 해결할 수 있는가? 셋째, 그의 기획 의도대로 이 책은 젠더의 관점에 관해 큰 반향을 일으켰다. 하지만 그런다고 무엇이 달라졌나? 페미니즘 운동의 주체를 담론의 형성물로 만든 것? 무엇보다 여성이라는 정체성이 없다면 페미니즘은 왜 필요한가? 그리고 결과적으로 여성 없는 페미니즘이라는 게 도대체 가능하기나 한 건가?

그런데 이런 비판의 자세로 책을 곱씹어 읽을수록 또 말할 수 없는 해방감이 느껴졌고 버틀러가 좋아지기까지 했다. 섹스 또한 젠더라면, 우리의 모든 것이 수행성이라면, 그것을 모든 이가 받아들이게 된다면, 그 구속에서 벗어날 수 있는 가능성 또한 커지지 않을까? 생물학적 운명을 거부하면서 여전히 남성과 여성이라는 이분법적 용어에 갇혀 있고서는 결코 그곳에서 벗어날 수 없게 된다. 그러나 '여성'이라는 통일되고 일관된 개념으로 무엇을 상정하지 않고, 그 속에 숨은 이원론적 관점을 버린다면 개인은 더 다양한 차이를 주창할 수 있게 될 것이다. 그 세상은 정말이지 '페미니즘 필요 없는 세상'이 될 것이다. 말할 것도 없이 페미니즘이 필요 없는 세상은 페미니즘이 필요한 세상보다는 훨씬 더 좋은 곳 아니겠는가!

버틀러의 말대로라면 우리는 우연적으로 구성되고 잠정적으로 형성되는 것일 뿐이다. 그럼 남은 건 우리는 어디에 위치하고 있느냐(위치성), 그리고 우리는 무엇을 행하느냐(수행성)일 것이다. 이러한 통찰은 우리가 정체성 정치에서 벗어나 다른 식의 운동 방식을 상상할 수 있도록 도와준다. 정체성 정치를 하게 되면 우리는 단일한 범주에 항상 묶이게 된다. '여성', '남성', '피해자', '가해자' 뭐 이런 것들 말이다. 그러다 보면 필연적으로 피해의 경험을 단일화하고 다른 억압의 벡터를 비가시화시킨다. 마치 운동권 내에서 일부 남성들이 성차별을 일상화했던 것을 '진보'라는 이름으로 비가시화했던 것처럼 말이다. 페미니즘 내부에서 다른 이들을 그런 식으로 비가시화했던 것은 아닌지 충분히 반성해볼 일이다. 여성 억압에 반대하는 페미니스트가 동성애를 비난한다든가, 인종 혐오를 아무렇지 않게 내뱉는다든가 하듯이 말이다.

게다가 버틀러의 생각은 페미니즘의 외연을 더욱 확장하도록 도와준다. 페미니즘이 단순히 여성만을 위한 권리 운동이라든가 흔히 오해하듯 여성 상위를 주장하는 실천 운동은 아니다. 페미니즘은 젠더를 중심으로 사회의 체계와 구성을 꿰뚫어보도록 도와주는 인식론이자 세계관이다. 버틀러처럼 페미니즘의 계보학을 따라가다 보면 우리가 보고 있는 현실이 어떤 맥락 속에서 위치 지어졌는지를 알 수 있게 된다. 젠더가 역사적·사회적 구성물이라면 페미니즘 자체도 역사적·사회적 구성물이다. 그리고 정체성 정치를 벗어난다면 우리는 좀 더 다양하고 자유로운 삶을 상상할 수 있게 된다. 새로운 세상을 위한 대안담론으로 페미니즘을 사유하는 것이다. 이렇게 보면 세상을 보는 시야가 갑자기 확 넓어짐을 느낄 수 있을 것이다. 실제 버틀러 이후 페미니즘은 다양한 섹슈얼리티를 포용하고(퀴어 이론), 다양한 타자와의 관계를 모색하며 사회 제도, 양식, 구조와 개인 간의 관계를 다루는 학문으로서 저변을 한층 넓혔다.

앞의 영화로 돌아가보자. 트렌스젠더로서 자신을 인정받고 싶은 에이나르 베거너, 여성의 몸을 가지고 있지만 자신이 남성임을 추호도 의심하지 않는 티나 브랜든. 페미니즘이 진정 이러한 (개인적으로 보이는) 사회적 문제를 해결하기 위해서는 여성만의, 혹은 남성만의 학문이 아니라 그것이 어떻게 주조되고 체계화하는지를 볼 수 있는 관점과 문제의식이 필요하다. 섹스를 생물학이 아닌 젠더라는 사회과학적이고 인류역사적인 관점에서 바라보면 젠더 연구는 인종, 민족, 성, 그리고 사회적 계급에 관한 연구를 동반하게 된다. 사회 구조적 불평등과 그에 대한 성 소수자들의 저항에 초점을 맞춘 학문까지 포함할 수 있게 된다. 젠더에 기반한 다양한 학제 간, 학문 간 연결을 통해 여성과 남성뿐 아니라 모두의 젠더 해방을 모색하는 기반이 다져지게 되는 것이다.

애초에 이분법적인 성별 범주와 그에 따른 속성, 이성애 섹슈얼리티나 특정한 욕망 등을 본질적이고 자연적인 것으로 만들어 온 권력의 작동 방식을 캐묻는 이 모든 과정에서 남성과 여성뿐 아니라 그 어떤 주변인과 소수자도 사회에서 함께 공존하면서 살아갈 수 있는 방향을 모색하게 된다. 다양한 가능성을 실천할 수 있도록 삶과 사회에 질문을 던지는 것, 그것이 인문학이라면 페미니즘이야말로 가장 어렵지만 꼭 해야 할 과업 아닐까.

얼마 전 동성애자 모임에 다녀온 한 여성의 고백을 들었다. 수많은 동성애자가 모여 있던 그 자리에서 이성애자는 딱 자기 한 명뿐이었다고 한다. 그녀는 그곳에서 이성애자인 자신이, 평생 이성애자로 살아왔고 단 한 번도 그것을 의심하지 않았던 자신이 얼마나 '쪽팔렸는지' 모른다고 했다. 그 이야기를 듣는 동안 많은 이들이 자기도 모르게 고개를 끄덕였다. 우리는 모두 강제적 이성애 사회에서 그것만을 전부로, 그것만이 진짜라고, 단 한 번도 의심하지 않고 살아온 스트레이트한 인간이었던 것이다. 어쩌면 우리는 '강제적 이성애' 세상에서 이것만을 '정상적'이고 '자연스럽다'고 무의식중에 각인하고 이분법적 젠더를 자기도 모르게 수행해왔는지도 모른다. 버틀러가 폭로하고 싶었던 것은 결국 이것이 아니었을까.

3

페미니즘의 틀로 나를 보다

맘충의 정치경제학

《더 나은 논쟁을 할 권리》

소설《82년생 김지영》속 주인공 김지영 씨를 정신병으로 몰아넣는 건 '맘충(엄마를 뜻하는 맘(Mom)과 벌레를 뜻하는 한자어 충(蟲)의 합성어)'이라는 단어이다. 그녀가 아이를 어린이집에서 하원시켜 공원으로 향하던 중 아이가 유모차에서 잠들어버린다. 그 틈을 타 길 건너 커피숍에서 1,500원짜리 아메리카노를 사고 공원 벤치에서 한숨 돌리는데 옆자리에 앉아 있는 회사원들이 들으라는 듯 이야기를 시작한다. "나도 남편이 벌어다주는 돈으로 커피나 마시면서 돌아다니고 싶다…… 맘충 팔자가 상팔자야…… 그래서 나는 한국 여자랑은 결혼 안 하려고……."

내가 페미니즘을 공부하면서 가장 충격을 받았던 단어 역시

이 말이었다. 맘충! 이것에 대한 충격은 모성의 신화화를 계속해서 유지하고 싶다는 의미도 아니고, 여성을 '성녀' 이미지에 가두고 싶어서도 아니다. 내가 느낀 충격은 더 원초적이었다. 세상의 모든 자식이 어머니에 의해 태어나는데, 그 어머니가 벌레라는(그렇다면 그 자식은 유충이라는!) 자기모멸에 가까운 혐오. 그것이 너무나 극악스러웠다. 나는 맘충이라는 말에 거의 노이로제가 있을 정도이다. 나에게도 열두 살, 아홉 살 난 아이가 있기 때문이다. 식당에 가면 혹시라도 시끄럽게 굴까 봐 아이를 들들 볶고, 서점과 쇼핑몰이라도 가게 되면 일단 안전한 키즈카페에 몰아넣고 나 혼자 바삐 쇼핑을 했다. 혹시라도 아이가 뛰고 번잡스럽게 하면서 피해를 끼칠까 봐 언제나 전전긍긍, 아이를 잡기 일쑤였다. 그런데 한편으론 그런 생각도 드는 거다. 본디 아이는 하루 종일 종알대는 것이 일상이고, 몸집도 작고 호기심 천국인 존재라 여기저기 기웃거린다. 3보 이상 구보, 20초 이상 한 가지에 집중하지 못한다. 이게 건강한 아이들의 특징이다. 그런 아이들의 모든 행동이 혐오의 요소가 된다는 것은, 아이의 존재 자체를 거부하는 사회라는 방증은 아닌가.

포털 사이트의 댓글과 기사에서 표방하는 맘충의 모습은 대략 다음과 같다. 공공장소에서 시끄럽게 뛰어노는 아이들을 방치하며 수다 떨기에 정신이 팔린 엄마, 식당에서 아이를 위한 음식을

페미니즘의 틀로 나를 보다

공짜로 달라고 요구하거나 메뉴판에 없는 음식을 막무가내로 만들어달라는 엄마, 커피숍의 탁자에서 아이의 똥기저귀를 갈고 그 자리에 버려두고 가는 엄마, 제 자식만 귀한 줄 알고 다른 사람들에 대한 배려를 하지 않는 엄마. 이런 엄마의 모습을 재현하며 사람들은 쉽게 맘충이라 혐오하고 비난한다. 이런 이야기를 들으면 당연히 무례하고 상식 없는 이들을 욕하게 된다. 그런데 특정한 사건이 벌어지면 당사자의 성별이 밝혀지기 전부터 '○○여사 사건', '○○맘 사건'이라 부르듯이 쉽게 맘충이라는 딱지를 붙이는 것은 아닌지도 따져봐야 할 것이다.

몰상식하고 무례한 엄마들도 물론 있다. 안하무인격으로 지하철에서 소리를 버럭버럭 지르는 아저씨들이 있는 것처럼, 커피숍이 자기 안방이라도 되는 양 큰 소리로 떠드는 아가씨들이 있는 것처럼, 극장에서 영화를 보는 동안 아무렇지 않게 전화 받는 사람들이 있는 것처럼 말이다. 그런데 왜 노키즈존(No Kids Zone)은 있는데 '아저씨 출입금지', '싸가지 없는 90년대생 출입금지', '매너 없는 전화남 출입금지'가 붙은 곳은 없는가? 그렇다면 과연 몰상식하고 무례한 행동이라는 이유만으로 맘충이라는 딱지를 붙이고 혐오하는 것은 당연한가?

《82년생 김지영》에서 보듯이 아이가 무례한 행동을 하는 것은 사실 맘충을 규정짓는 중요한 요소가 아니다. 과연 그 혐오의 저변에 깔린 실체는 무엇일까?

김지영 씨를 맘충으로 만든 키워드는 세 가지이다. 첫째 평일 오후, 둘째 커피, 셋째 유모차 끌고 산책. 나는 맘충이 더 정확하게는 일하지 않으며 혹은 일하지 않는 것처럼 보이며 '소비하는 여성'에 대한 혐오라고 생각한다. 소비하는 여성에 대한 혐오에는 이미 유구한 역사가 있다. '김 여사'가 그러하다. 1990년대 김 여사가 자가용을 타는 중년 여성에 대한 혐오였다면 지금의 맘충은 1,500원짜리 커피를 마시며 유모차를 미는 좀 더 어리고 만만한 여성으로 바뀌었을 뿐이다. 그런데 왜 맘충인가? '김 여사'와 '직업 여성'처럼 소비하는 여성이 혐오의 주된 대상이었던 적은 많았지만 엄마였던 적은 없었다. 왜 지금 혐오의 스펙트럼에 엄마가 포함되었을까?

나는 거기에 두 가지 이유가 있다고 생각한다. 첫 번째는 결혼으로 여성이 특혜를 받고 있다는 생각이다. 금전적인 부담 때문에 연애와 결혼, 출산을 포기하는 지금 세대에게 여성은 그저 여성으로 태어났다는 이유만으로 경제력을 확보하지 않아도 되는 존재라고 생각되는 듯하다. 여성은 여성으로 태어났다는 이유만으로 데이트할 때 돈도 안 내고, 결혼하고 직업도 안 가져도 되는데 남성은 그 모든 것에서 자유롭지 않다는 이유이다. 지금같이 어려운 세상에서 경제력을 확보해야만 남성으로 대우받을 수 있는데 여성은 그저 여성이라는 이유만으로 혜택받는다는 것. 아마도 역차별이라는 말은 이런 감정에서 표현되는 말일 것이다. 그런 남성의

페미니즘의 틀로 나를 보다

억울함이 가장 쉽게 투사할 수 있는 대상이 곧 경제 활동을 하지 않는 전업주부이다.

맘충은 남편을 생계 부양자로 지정하고(남성은 밖에 나가 힘들게 일하는데) 남편이 번 돈으로 (생각 없이 펑펑 쓰면서) 아침에 카페에 모여 수다나 떨면서 아이는 나 몰라라 하고, 몰려다니며 육아용품이나 쇼핑하고 아이를 사교육으로 내몰면서, 내 아이는 특별하다고 생각하는 (이기적이고 개념 없는) 여자라고 단정짓는 것이다. 그렇지만 생각해보면 남편이 주는 돈을 받아 '주체적으로 일하지 않고 소비하는 여성' 즉 전업주부란, 근대 정상 가족을 형성하는 데 있어 여성에게 부여된 유일한 역할이었다. 여성 돌봄 노동자와 남성 생계 부양자의 조합, 그것이 우리나라를 만든 '정상 가족' 이데올로기 아니던가. 이 사회가 규정해놓은 정상이라는 범주는 이미 여성 혐오를 기반으로 작동하고 있다. 그리고 여기에서는 여성 노동에 대한 몰이해가 동반된다. 여성의 육아, 돌봄, 가사, 재생산 노동은 '노동'이 아니라 집에서 노는 일로 여기는 것이다.

두 번째, 엄마에 대한 혐오는 곧 이 시대를 사는 중산층 가부장제의 엄마 역할에 대한 반감을 고스란히 드러낸다. 한국에서 가족은 철저하게 정상 가족만을 위한, 정상 가족에 의한, 정상 가족을 향한 리그이다. 그 정상 가족은 이제 계급 재생산이라는 목표만을 위해 작동한다.

얼마 전 큰 인기를 끌었던 TV 드라마 〈스카이캐슬〉에서 보듯 모성의 역할은 부부관계에 초점을 맞추기보다 자녀의 대학 입시를 위한 데 집중된다. 모성은 상품화되고 광적인 교육열과 소비 경쟁으로 격화된다. 이런 엄마들에 대한 비난은 도를 넘은 사교육, 입시에 모든 것을 '올인' 하는 엄마들에 대한 문제에서 폭발한다. 사교육에 올인 하는 엄마들은 '돼지 엄마'라고 비난받으며 자기의 욕심만 앞세워 아이를 괴롭히는 이기적인 존재라고 치부되고, 입시지옥을 만든 주범으로 손꼽힌다. 이 비난은 이런 교육에 환멸을 느끼고 대안적인 교육을 선택한 엄마들에게도 마찬가지로 적용된다. 대안교육을 선택한 부모들은 '학생부 종합 전형의 또 다른 경쟁력'을 위해서 꼼수를 쓴 것이 되고, 지나친 의료화의 제도 속에서 탈출하려는 엄마들은 '안아키(약 안 쓰고 아이 키우기)'로 상징되는 몰상식한 모성으로 환원된다. 대한민국의 그 어떤 부모도 여기에서 자유롭지 않다.

그런데 이상하다. 사람들은 이기적 모성을 맘충이라 부르며 쉽게 비난하고 꾸짖는다. 문제 있는 개인의 '정체성'으로 환원하는 데도 주저함이 없다. 하지만 그들은 절대 묻지 않는다. 맘충이 왜 그런 행동을 하는지, 왜 아빠들은 그렇게 하지 않는지, 맘충이란 말은 있지만 파파충이란 말은 왜 없는지. 누가, 왜 맘충이란 말을 만들고 호명하는지.

대한민국 엄마들(혹은 맘충들)이 그런 행동을 하는 것은 그것이 사회가 요구하는 '어머니 노릇'이기 때문이다. 우리 사회는 아이

페미니즘의 틀로 나를 보다

가 아토피가 있으면 '엄마가 아무 과자나 먹여서 그렇다'고 혀를 차고, 초등학교에 한글을 못 떼고 오면 '엄마가 집에서 이 정도는 해주셨어야죠'라고 말한다. 옷차림새가 단정하지 못한 아이에게는 '너희 엄마는 집에서 뭐하시니?'라고 힐난하고 큰소리로 아이를 혼내면 '저렇게 엄마가 못 배워서야⋯⋯' 하고 간연한다. 이렇듯 아이의 문제는 바로 '아이를 그렇게 키운 엄마'의 평판으로 직결된다. 사회가 정해놓은 '어머니 노릇'을 하는 동안 우리는 저절로 '맘충'이 된다. 이것은 사실 어머니 '되기'의 정치 경제학은 아닌가?

김주희는《더 나은 논쟁을 할 권리》에서 성매매 여성 '되기'의 문화경제를 이야기한다. 요약하자면, 성매매는 여성 개인의 윤리 문제가 아니라 여성의 성을 상품화하는 문화와 정치경제가 복합적으로 연결된 문제이고, 이는 기존의 문화·정치·경제에서 '상품화 가능한 여성의 몸'이라는 범주를 끊임없이 확장함으로써 자신의 생명을 갱신하고 있다는 것이다. 매매를 통해 거래되는 것은 여성의 생물학적 몸이 아니라 특정한 체현을 통해 만들어진 여성의 몸, 즉, '여성성'이다.

성매매 여성으로서 체현의 과정은 곧 여성의 몸이 상품화되는 과정이다. 그렇기에 성매매 여성은 경쟁력 있는 상품이 되고자 자신의 몸에 투자한다. 성형 수술을 하며 과도한 다이어트를 하고 피부 관리와 미용실에 돈을 아끼지 않는 등의 외모 관리 소비를 통해 비로소 성매매 여성으로 '완성되는' 것이다. 그렇다면 이를 통해서 이득을 얻는 이들은 누구인가? 성형 수술을 받아야만 업소에서 일할 수 있다고 말하는 사람은 누구이며, 성형 상담을 받으러 온 여성에게 수술 부위를 추가하도록 권유하는 사람은 누구인가? '가진 건 몸뚱이'밖에 없다는 이들에게 성형 대출을 해주는 이들은 또 누구인가? 저자는 이 글에서 성매매 여성을 향한 '몸 팔아 명품 가방 사는 된장녀'라는 담론은 잘못된 분석이며, 그들은 시장을 통해 형성된 '된장녀'라는 표식을 구입함으로써 경쟁력 있는 상품이 되어 비로소 성매매 산업에 진입할 수 있는 몸을 갖게 된다고 말한다.

우리는 '성매매 여성'과 '엄마'를 극단의 반대쪽에 놓여진 위치인 양 생각한다. 그렇지만 정말 그런가? '성녀vs마녀', '엄마vs창녀' 이분법은 너무나도 쉽게 여성들을 범주화하는 수단이었고, 양 극단에서 다른 모습의 여성성을 강요한다. 이를테면 '마녀/창녀' 이미지에서는 성적 대상으로의 여성, '성녀/엄마' 이미지에서는 돌봄과 보살핌의 대상으로의 여성의 위치를 강요하고 있다. 그리고 자본은 이 양극화된 여성들의 이미지에 '시장'이라는 함수를 끼워 넣었다. 업소녀들은 성형 수술을 통해 '텐프로'가 될 수 있고, 엄마들은 육아서와 교육 쇼핑을 통해 '좋은 엄마'가 된다. 극단의 모습처럼 보이지만 그것이 '여성성의 체현'이라는 점에서 결코 다르지 않고, 그것은 이 시대 여성들의 자기정체성을 상품과 연결시키는 자본의 전략과 맞아떨어진다.

그 전략을 충실히 따르는 사람들은 너무 쉽게 '된장녀', '맘충'이라는 혐오로 소비된다. 김주희는 '그런 여성'과 '그렇지 않은 여성'의 범주를 이야기하며, '그렇지 않은 여성'의 범주는 '그런 여성'의 행실을 비난하기 위한 근거로 사용되며 '그렇지 않은 여성'은 언제든 '그런 여성'으로 추락할 수 있다는 위기감으로 자신의 일상을 검열한다고 말한다.

이는 엄마들의 일상과도 다르지 않다. '결혼-임신-육아-사교육'을 통해 여성은 엄마가 되고 그 엄마는 '맘충'이 된다. '엄마 노릇'이라는 여성성의 모델링이 지극히 선명한 지금 한국 사회에서 제대로 된 엄마 노릇하기 위해서는 육아박람회도 가고, 육아서도 읽고 이른바 교육 쇼핑도 해야 한다. 사회가 정해놓은 엄마 노릇을 하는 동안 똑같은 행동이 '좋은 엄마'의 증거일 수도, '맘충'의 체현일 수도 있는 상황이 된다. 이 상태에서 엄마들이 할 수 있는 일이라고는 자신의 행동이 틀리지 않음에 대한 증거를 더 많이 더 자주 제시하는 것밖에 없지 않은가? 이런 한국 사회에서 엄마들의 잘못된 행동으로 맘충이 생겼다는 것은 잘못된 해석이다. 맘충은 '한국식 엄마 노릇'을 강요하는 사회의 결과일 뿐이다.

이것이 끝이 아니다. 이제는 맘충을 피한다는 명목으로 노키즈존까지 유행하고 있다. 계속해서 말하지만, 우리가 갈 수 있는 장소는 권력에 의해 달라진다. 장애인은 전철, 버스 등을 마음 편히 탈 수 없고 그렇기에 갈 수 있는 장소에 제한이 생긴다. 여성이 혼자 술집에서 술을 마시면 그것만으로 '범죄 유발자'가 된다. 불과 몇십 년 전까지만 해도 여자 혼자 하는 여행은 꿈조차 꿀 수 없는 판타지였다. 지금도 깜깜한 밤 어두운 골목길은 여성에게 두려운 곳이다. 성인 비장애인 남성에게 이 모든 공간은 언제든지 열려 있는 장소겠지만 말이다.

아이 둘을 키우는 엄마인 나도 갈 수 있는 장소가 줄어들고 있다. 언젠가부터 식당, 서점, 커피숍 등 일상에서 쉽게 접할 수 있는 대부분의 장소에 아이와 함께 가는 일이 부담스러워졌다. 많은 장소들이 노키즈존이라는 이름으로 문제없이 배제되고 사회에서 어린이의 존재를 비가시화한다. 그 아이들이 혼자 다니지 않는다는 점을 생각하면 이는 자연스레 엄마의 배제로 이어진다. 그 모든 문제의 이유와 원인이 '맘충'이라고, 즉 개인의 잘못 때문에 일어난 사적인 문제일 뿐이라고 사람들은 말한다.

혐오는 이렇게 자연스럽게 배제의 이유로 작동한다. 그런데 이는 정당한가? 세계적인 법철학자이자 정치철학자인 마사 누스바움은 그의 책《혐오와 수치심》에서 혐오는 원칙상 문제점을 지니고 있다며, 역사 속에서 혐오가 특정 집단과 사람들을 배척하기 위한 강력한 무기로 이용되어왔다는 사실을 지적한다. 그는 유대인의 사례를 들며 특정 집단에 대한 혐오가 어떻게 실제 인간에 대한 위협으로 다가올 수 있는지 고찰하며 정교한 이데올로기적 조작이 정치·경제적 목적과 얼마나 행복하게 만날 수 있는지 보여준다.

> "결론적으로 나는 혐오에 강하게 반대하는 입장을 취하면서 그것이 어떠한 행위를 범죄 행위로 규정하는 일차적 기반이 되어서는 안 되며, 현재 하고 있는 것처럼 형법에서 죄를 무겁게 하거나 경감시키는 역할을 해서도 안 된다고 주장한다. (중략) 내가 생각하는 자유주의 사회는 모든 개인의 평등한 존엄과 공통의 인간상에 내재된 취약성을 인정하는 기반 위에 있는 사회다. 만약 우리가 그러한 사회를 완전히 성취할 수 없다면, 우리는 적어도 이것을 하나의 패러다임으로 봐야 하고, 우리의 법은 다름 아닌 바로 그러한 사회의 법이라는 사실을 확신할 수 있어야 할 것이다.
>
> _《혐오와 수치심》 (p.37~43)

혐오는 그저 개인의 감정으로 끝나는 문제가 아니다. 얼마든지 사회적 배제의 논리로 작동할 수 있고, 실제로도 작동 중이다. 우리 사회에서 맘충은 필요할 때는 경제 주체로 호명하며 치켜세우고, 뒤돌아서서는 혐오 대상으로 배제해버리는 어떤 거대한 상징처럼 보인다. 나는 그 상징이 점점 무서워질 뿐이다.

가사와 육아는
노동인가, 사랑인가

《젠더와 경제학》, 《잠깐 애덤 스미스씨, 저녁은 누가 차려줬어요?》

10년 전, 육아 휴직을 마치고 회사에 복귀한 지 한 달도 채 되지 않아 나는 깨달았다. 제3자의 도움 없이 맞벌이 부부가 어린아이를 키우는 일은 불가능하다는 것을 말이다. 도와줄 친인척이 주변에 없던 나는 아침부터 저녁까지 아이를 돌봐줄 베이비시터를 고용했다. 아이가 두 돌이 되자 집 근처 어린이집에 아이를 맡겼고, 아이는 그 어린이집에서 가장 일찍 '출근'하고 제일 나중에 '퇴근'하는 '성실 사원'이 되었다.

나는 출퇴근에 한 시간 30분 이상씩 걸렸고, 잦은 오전 회의와 저녁 회식이 있었다. 그 당시 나와 남편이 나눈 대화의 대부분은 그날의 퇴근 담당을 정하고 저녁 일정을 조율하는 거였다. 이때부터 압축적 시간 경험이 시작되었다. 은행 업무는 전철에서, 어린이집 선생님과 통화는 외근 나가는 길에 해결했다. 저녁이면 보고서를 싸들고 와서 아이를 업고 재우면서 읽었고, 설거지를 하면서 동시에 아이가 먹을 이유식을 준비했다. 회사에서는 승진할수록 참석해야 하는 미팅과 회의가 늘어나는데, 야근과 회식에 빠지는 것이 점점 눈치가 보였다. 프로답지 못하다는 평판이 두려워 책상 위에 아이 사진조차 놓지 않았다.

어린이집에 다니기 시작한 아이는 걸핏하면 감기에 걸렸다. 감기는 중이염이 되고 모세기관지염이 되고 폐렴이 되었으며, 겨우 나으면 며칠 만에 또 감기에 걸리는 도돌이표가 시작되었다. 주말이면 병원에 가서 일주일치 항생제를 받아왔고, 어린이집에 가지 못할 정도로 증세가 악화되면 친정에 SOS를 쳤다. 이 시기 나의 '모성'은 회사생활을 하는 데 가장 큰 약점이자 걸림돌이었다. 근무 시간에 어린이집 선생님한테 전화라도 오면 그렇게 다른 사람 눈치가 보였다. 퇴근 후 회사를 나서는 순간부터 집을 향해 전속력으로 달리기 시작했다. 무엇보다 일은 일대로 집중하기가 쉽지 않았고, 아픈 아이를 지켜보는 게 안타깝고 속상했다.

그러던 어느 날 저녁 책상에 앉아 내 월급의 대차대조표를 만들어보았다. 월급에서 아이 돌보미와 가사 도우미의 비용을 지불하면 남는 돈이 얼마 없었다. 물론 경력을 계속 이어나간다면 커리어가 쌓일 수도 있고, 그것이 미래의 자산으로 돌아올 수 있을지도 모른다. 그런데 차변의 자산 항목보다 대변의 부채 항목이 늘어났다. 커리어의 크기는 점점 불확실해져갔지만, 아이에 대한 심적 부채감은 점점 커져갔다. 결국 나는 회사를 그만두었다. 그리고 무급 노동이 시작되었다.

한국여성경제학의 전문가들이 모여 쓴 《젠더와 경제학》에서는 무급 노동과 경제의 관계에 대해 이야기한다. 경제학 내에서 무급 노동과 경제에 관심을 기울이게 된 계기는 1960~70년대의 가사 노동 논쟁이었다고 한다. 왜 여성이 남성에게 종속되었는지에 대한 물질적 기원을 찾아가던 과정에서 페미니스트들은 가정 내 무급 가사 노동에 주목하게 되었고, 이는 경제를 보는 시선을 달라지게 했다. '생산'을 기반으로 돌아가는 경제만을 전체 경제로 인식하는 것이 아니라, 그 생산을 가능하게 한 재생산 경제를 눈여겨보게 된 것이다. 즉, 생산 기반의 유급 경제와 재생산 기반의 무급 경제가 유기적으로 결합된 것으로 전체 경제를 이해하게 되었다.

재생산 노동에는 무엇이 있는가? 크게 보면 가사 노동과 돌봄 노동, 감정 노동을 들 수 있을 것이다. 이것을 분류하는 과정은 페미니스트 내부에서도 여러 의견으로 나뉜다. 돌봄을 노동의 영역으로 보고 이것을 시장 노동의 영역으로 확장하면, 여성만이 가지고 있는 고유한 '돌봄', '사랑', '호혜성'이라는 가치를 자본주의 시장 아래로 귀속시키는 것은 아닌지 우려한 것이다. 그렇게 되

페미니즘의 틀로 나를 보다

면 결과적으로 여성의 노동을 더 폄훼하는 결과를 낳는 것 아닌가? 가사 노동에 임금을 주면 실질적으로 모든 여성을 전업주부로 묶어두는 기제로 작동하는 것 아닌가? 그렇다면 본질적으로 과연 노동이란 무엇일까? 무엇이 그 가치를 결정하는 것일까?

노동의 가치를 다루는 법은 세 가지 정도로 나눌 수 있다. 첫째 노동 시간, 둘째 교환 가치, 셋째 기회비용. 첫째, 노동 시간은 시간을 들여 무언가를 생산해낼 때 그것에 들어가는 시간을 노동의 가치로 환산하는 것이다. 둘째, 교환 가치는 그 일을 하는 시간보다 그것이 시장에서 교환되었을 때의 가격을 중심으로 노동의 가치를 환산하는 것이다. 셋째, 기회비용은 그것을 하지 않았을 때 할 수 있는 일의 가치를 보는 것이다. 노동의 가치를 환산하는 데 (절대적이 아닌) 여러 기준이 있다는 것을 알게 되면, 이것들이 의미하는 바를 따져 묻게 된다. 우리는 무엇을 노동이라 부르며 가치를 환산하고, 무엇을 노동이라 부르지 않는가? 그 기준은 누가 세우는가? 그 이득은 누가 얻는가?

내가 유급 노동을 그만두자 남편은 단독 생계 부양자가 되었고, 나는 말 그대로 '독박육아'를 하게 되었다. 당시 무엇보다 나를 힘들게 했던 건 내 인생이 아이 기저귀 갈아주다가 끝날 것 같다는 불안감과 그동안 열심히 산 세월에 대한 배신감이었다. 내가 고작 이거 하려고 열심히 공부해 대학 다니고 몸이 부서져라 일했나 싶었다. 나는 몇 번이고 내가 가질 수 있었을지도 모를, 이제 다시는 가질 수 없는 가지 않은 길을 상상했다. 그것을 가질 수 없다는 것만으로도 속상한데 아침부터 밤까지 왜 그리 할 일은 많은지, 게다가 그 일들은 왜 별것 아니라는 식으로 폄훼받는지, 설상가상으로 그 일들은 왜 해도 해도 넘쳐나는지. 그동안 내가 배웠던 모든 지식과 경험은 아이를 키우는 데 별다른 도움이 되지 않았고, 가슴 깊이 나의 무능력을 절감했다.

물론 그것이 다는 아니었다. 전업주부로 지낸 3년 동안 우울과 행복, 절망과 기쁨은 동전의 양면과 같이 나를 따라다녔다. 이 감정들의 롤러코스터를 타며 두 생명이 어떻게 커나가는지를 지켜보았다. 보드랍고 따스한 생명체를 안았을 때, 아이가 걸음마하면서 한 걸음씩 다가올 때, 간식을 먹으라고 주면 받아서는 도로 내 입에 넣어줄 때, 하굣길 학교 정문 앞에 서 있는 나를 향해 뛰어올 때, 나는 순간순간이 너무 소중해서 울고 싶어졌다.

그런 일들을 생각하면 지금도 가슴속에 촛불이 하나둘 켜지는 것 같다. 그런 밤이면 일기장을 펴서 이렇게 쓰곤 했다. "신이 만약 존재한다면, 제발 죽을 때까지 이 기억을 잊지 않게 해주세요." 아이를 사랑하면서, 어떤 존재를 온전히 힘차게 최선을 다해서 사랑하면서, 나는 구원받았다.

하지만 이런 경험이 '모성'이라는 말로 오해받고 싶지 않다. 예나 지금이나 모성이라는 말에는 거부감이 든다. 그것을 당연히 여

페미니즘의 틀로 나를 보다

기면서 죄책감을 주입하는 사회에는 더 반감이 든다. 육아에 대한 나의 생각이 모든 사람이 아이를 낳아야 한다는 말로 들리지 않았으면 좋겠다. 또한 "사람은 역시 아이를 키워야 진짜 어른이 돼" 같은 말도 사절이다. 더해서 육아를 고귀한 '사랑'으로 포장하면서 '노동'으로 여기는 이들을 비난하지 않았으면 좋겠다. 또한 다른 이를 돌보는 행위는 그 자체만으로 커다란 감정적 이득을 가져오니 경제적인 가치로 환산하지 않아야 한다는 의견에도 반대한다. 생각 있는 기업의 CEO들은 일을 너무 사랑해서 하루 종일 일만 생각하고 일만 해대는 '열혈 사원'에게 "개인적인 만족감을 얻었으니 월급을 주지 않아도 괜찮지?"라고 말하지 않는다. 오히려 일에 대한 열정과 헌신에 '보너스'라는 금전적 보상으로 화답한다. 그런데 왜 돌봄 노동은 그렇지 않은가? 왜 돌봄 노동에서의 사랑과 의무, 호혜와 같은 감정은 그 가치를 높게 쳐주기는커녕 '여성성', '모성'이라는 이름으로 자연화하는 것일까?

전업주부로 지내던 시절, 내 말버릇은 이거였다. "하는 일도 없는데 뭐." 그런데 이게 웬일. 하는 일도 없는 나는 회사 다닐 때만큼, 아니 그보다 더 바쁘기 일쑤였다. 온 집안의 뒤치다꺼리와 자질구레한 일이 모두 나의 차지가 된 것이다. 그런데 나는 그것들을 '노동'이라고 생각하지 않았다. 지금도 흔히 보지 않는가. 전업주부를 둔 남편들의 "우리 와이프는 집에서 놀아요" 혹은 "당신이 집에서 하는 게 뭐 있다고 그래!"라는 이야기 말이다. 이런 말들은 매일의 일상을 꾸려가는 데 필수로 행해져야 하는, 빤히 보이는 노동을 보이지 않게 만든다.

《젠더와 경제학》에서는 이렇게 무급으로 하는 여러 일들이 그 자체로 무급 노동자에게 경제적 불이익을 야기한다고 말한다. 여성은 아이를 낳을 수 있다는(실제 낳는 것과는 상관없이) 가능성 때문에 입사에서부터 불이익을 받는다. 임신과 출산은 같이 일하는 동료들에게 민폐가 된다. 복직해서는 여성을 주양육자로 보는 주위의 시선과 아이를 믿고 맡길 만한 곳이 없다는 현실적 이유로 결국 일을 포기하고 돌봄 노동을 전담하게 되거나 워킹맘이라는 이름표를 달고 아득바득 바쁜 삶을 살아간다.

그 경제적 불이익은 다음과 같은 결과를 가져온다. 첫째, 여성의 현재와 미래 소득의 상실이다. 우리나라 사회보장제도는 직장에서의 소득과 연계되어 이루어지기 때문에 직장에 소속되어 있지 않은 이들은 상대적으로 사회보장에 취약하다. 소득이 없어지면 이는 자연스레 '독립적 주체성의 상실'과 '빈곤의 여성화'로 이어진다. 주변에서 흔히 듣지 않는가? "이혼하고 싶은데 돈이 없어서 못 헤어진다"는 이야기 말이다. 소득의 상실은 곧 독립적 주체성의 상실이고, 이를 감수하면 '빈곤의 여성화'가 기다리고 있다.

둘째, 무급 돌봄 노동은 여성 임금 근로자의 임금률에도 부정적인 영향을 미친다. 무급 노동의 일차 책임자를 '여성'으로 한정

지으면서 워킹맘의 입지를 좁힌다. 남성이 결혼하고 아이가 태어나면 이제 진짜 가장이 됐으니 회사 일을 더 잘할 것이라 기대하지만 여성이 결혼하고 출산하면 아이와 가정에 신경쓰느라 업무를 소홀히 할 것이라는 (실제로 그런지와 상관없이) 가정만으로 임금과 승진에 부정적 영향을 미친다. 그러니 여성은 더 일을 할 이유를 찾지 못하게 되고 (어차피 일에서 비전을 찾을 수 없으니) 이는 높은 퇴직율로 이어진다. 이렇다 보니 다시 고정관념은 강화된다.

셋째, 돌봄 노동과 관련한 직업들, 이른바 '여성 직종'들의 저임금화를 가속화한다. '여성의 일'은 돌봄 영역이므로 애정과 자비로 제공해야 한다는 개념이 저임금을 정당화한다. 이것 역시 악순환으로 이어진다. 돌봄 노동으로 경력이 단절된 여성들은 돈이 없어서 참고 살거나, '여성 직종'에서 일하며 저임금을 받는다. 경력을 단절하지 않고 엄청난 노력으로 워킹맘이 되어도 일차 돌봄 가사 노동 수행자라는 혐의로 승진에서 누락된다. 이렇듯 평생 동안 무급 혹은 유급 노동을 통해 여성들은 가난해질 수밖에 없는 구조 속에 처하고 만다.

이런 상황에서는 무급 노동을 전담하는 남성 또한 냉대를 받는다. '남자 구실 못 한다'부터 '그러고도 남자냐'까지. 여성을 무급 노동의 역할 담당자에 고정시켜놓고 그 안에 남녀를 가두면서 무급 노동을 수행하는 이들은 불이익을 겪게 되는 것이다.

먼저 여성이 하는 일이 있고 그것이 무급 노동이 되었는지, 먼저 무급 노동이 있고 그 일을 여성이 맡게 되었는지는 중요하지 않다. 이것은 결국 성별의 문제가 아니라 무엇을 노동으로 보느냐의 문제이다. 이런 상황에서 대체로 여성이 무급 노동을 전담하고 있고, 경제적 불이익은 온전히 여성에게 전담된다는 현실이 중요하다. 이런 현실에서 무급 노동의 경제적 가치를 가시화하기 위해 화폐 가치로 환산하는 작업이 필요해진다. 하나의 비교 도구로써 화폐를 통해 무급 노동의 가치를 평가하는 일은 가정 안에서의 무급 노동의 가치를 인정하고 경제적 기여를 공식화하기 위한 첫 번째 과제인 것이다.

《잠깐 애덤 스미스씨, 저녁은 누가 차려줬어요?》는 '경제학의 아버지' 애덤 스미스가 간과한 페미니즘에 대해 이야기한다. 애덤 스미스는 자신의 식탁에 음식이 올라오기까지 푸줏간 아저씨, 채소 파는 아저씨의 이윤을 추구하는 마음을 말했지만 중요한 한 가지를 간과했다. 그들은 재료만 주었지 음식을 만들지는 않았다. 그는 가장 중요한 어머니의 노동을 보지 않았다. 만약 애덤 스미스의 어머니가 경제학을 만들었다면 어땠을까? 과연 아들의 생존에 필요한 재화와 생산 과정, 즉 재료를 고르고 그것을 요리로 만들고 아들을 보살피는 그 모든 과정을 노동이 아닌 사랑이라고만 생각했을까? 우리는 지금 철없는 아들이 만든 경제학의 세상 속에 살고 있는 것이다. 그 아들의 후손들이 계속해서 여성에게 돌봄의 책임과 역할을 우선시하도록 강요하는 한, 돌봄 노동이 언제까지 무급 노동으로 치부되는 한, 빈곤의 여성화는 막을 수 없다.

'여성성'이 여성에게 가하는 억압이라면 '남성성'은 남성에게 가하는 굴레일 것이다. 그리고 여성성이 여성의 빈곤화를 가속화시킬수록 남성은 생계 부양자로서 더욱 크게 압박을 느낄 수밖에 없다. 지금은 남성 생계 부양자 한 명으로는 만족할 만한 생활을 유지할 수 있는 시대가 아니다. 이런 세상에서 돌봄 노동의 가치를 바로 세우는 것은 돌봄의 주체가 될 수 없었던 많은 남성들에게도 필요한 일이다. 여성의 유/무급 노동에 적정한 보상을 줄 때 비로소 남성도 더욱 행복한 삶을 살 수 있게 되지 않을까?

《잠깐 애덤 스미스씨, 저녁은 누가 차려줬어요?》에서는 '경제'를 뜻하는 단어 '이코노미(economy)'는 그리스어로 가정이라는 의미의 '오이코스(oikos)'에서 유래됐다고 말한다. 젠더와 경제학의 다양한 관계를 살펴보는 과정은 남과 여를 떠나 모든 인간의 풍요로운 삶을 모색해보는 과정에서 필수적일 것이다. '물질 생산'에만 포커스를 맞추는 기존의 경제학 대신 '인간 생활의 공급'에 포커스를 맞추는 여성주의 경제학은 경제학이 과연 누구의, 무엇을 위한 학문인가에 대해 다시 고민하게 도와준다.

육아는
본성이라는 굴레

《보이지 않는 가슴》

얼마 전 녹색 어머니회 봉사를 다녀왔다. 우리 아이들이 다니는 학교는 한 아이당 1년에 한 번씩 돌아가면서 녹색 어머니 당번을 선다. 나는 아이가 둘이니까 1년에 두 번 아침 등교 시간에 학교 앞 신호등에서 녹색 깃발을 들고 내리면서 연신 시계를 바라본다. 회사에 늦지는 않을까, 반찬을 낼 걸 그랬나, 아이들은 밥이라도 챙겨 먹었을까, 이건 언제 끝날까. 그렇게 40분간 녹색 깃발을 들고 내리다 보면 마침내 화가 나버리고 만다.

　도대체 녹색 어머니회 같은 것을 생각해낸 사람들은 어떤 사람들일까? 어떻게 모든 엄마가 정해진 날짜의 정해진 시간에 신호등 앞에서 깃발을 들고 서 있는 것이 가능하다고 상상할 수 있는 걸까? 뉴스를 보니 어느 마을에서는 어르신 일자리 구하기의

한 정책으로 녹색 도우미 활동을 하는 어르신들에게 보수도 챙겨드린다고 하던데, 엄마들한테는 아무렇지도 않게 이런 봉사를 강제하는 이유는 뭘까? 무엇보다 왜 내가 바쁜 아침 시간에 이러고 있어야 하는지 자꾸 화가 난다. 내가 아는 어떤 엄마는 자비를 들여 일일 도우미를 구했다고 하던데, 이렇게 또 여성의 일이 다른 여성에게(더 싼 임금을 줄 수 있는 여성에게) 이전되어 가는 것일까? 이건 좀 불합리한 것 아닌가?

그러면 사람들은 말한다. 1년에 한두 번인데 그것도 못하냐고, 아이들 등굣길인데 그 정도는 해줄 수 있는 것 아니냐고. 그렇다면 묻겠다. 왜 그 좋은 일을, 1년에 한두 번밖에 하지 않는 일을 당신은 하지 않느냐고. '선생님'도 하지 않고, '아버지'도 하지 않고 동네 '어르신'도 하지 않는데 왜 '어머니'만 해야 하냐고. 그리고 왜 '하는' 이들이 '하지 않는' 이들에게 꾸지람을 들어야 하냐고. 그런데 더욱 기막힌 사실은 이것도 많이 나아진 것이라는 점이다. 10년 전만 해도 급식 도우미, 청소 도우미 등 엄마들이 일주일에 두세 번씩 학교에 불려갔다니, 그건 뭐 거의 아르바이트생 수준 아닌가. 생각해보면 사랑과 봉사라는 이름으로 엄마의 노동은 너무 쉽게 동원된다.

사랑과 봉사, 헌신이라는 이름. 마음에서 우러나 스스로 할 때는 참으로 아름답지만 강제로 할 때는 결국 착취가 아닌가. 여기서 질문 하나. 내가 한 녹색 어머니 일은 노동일까, 사랑일까, 봉사일까? 돈을 받지 않았으니 노동은 아닌 것 같은데, 나는 오로지 사랑만으로 그 일을 하지는 않았다. 나는 그 시간에 출근을 해서 회의 준비를 해야 했고 그 때문에 짜증이 났으니 말이다. 자율적 봉사라고도 할 수 없다. 나는 가능하다면 하고 싶지 않았다. 그러다 녹색 어머니 봉사를 위해 반차를 쓸까 고민하며 한 시간 늦게 출근해도 되겠느냐고 사전에 양해를 구했다. 그것은 사랑의 힘인가, 책임감인가, 을의 위치에 선 자의 자기희생인가, 학교에 의한 여성 노동의 착취인가.

《보이지 않는 가슴》은 여성주의 경제학자이자 매사추세츠 대학 경제학 교수인 낸시 폴브레가 쓴 책이다. 저자는 이 책에서 주류 경제학에서 맹신하는 '보이지 않는 손'이 경쟁 시장에 존재하는 수요와 공급의 힘을 뜻한다면, '보이지 않는 가슴'은 사랑, 의무, 호혜 같은 가치를 뜻한다고 말한다. 그리고 보이지 않는 가슴 또한 경제를 돌아가게 하는 다른 한 축의 바퀴라고 주장한다. 그녀에 따르면 자본주의 사회에서 보이지 않는 손이 주관하는 시장 영역의 자율성과 독립성은 굉장히 중요하게 여겨지지만, 보이지 않는 가슴이 관장하는 돌봄 노동은 그 자체로 경제적 불이익을 주고 성 불평등을 강화하는 기제로 작동한다. 돌봄에 대한 불평등한 분배와 대우가 성 불평등의 기저에 자리하고 있고 이는 서로 연관되어 강화시킨다. 이를 두고 폴브레는 '돌봄 불이익'이라고 말한다.

왜 돌봄 불이익인가? 아이를 돌보는 것은 개인적인 선택이 아니던가? 많은 이들이 출산은 아주 사적인 가족 관계 내의 선택에 의한 결과라고 본다. 아이를 낳았다는 것은 그 불이익(경제적 부담과 육아 등)과 이익(아이를 통해 얻게 되는 만족과 사랑 등)을 감수하겠다는 뜻으로 해석한다. 그러니까 한마디로 '모르고 낳았냐'인 거다. 게다가 3포니 5포니 하며 연애와 취업, 결혼을 포기하는 이들이 많아지는 요즘, 결혼을 한다는 것 자체가 특권으로만 느껴지고, 아이를 낳는 이들에게 주어지는 정부의 여러 혜택들이 상대적 박탈감마저 불러일으킨다는 이야기도 한다. 머리로는 육아 휴직이 꼭 필요함을 알지만, 현실에서는 내 일이 늘어나기 때문에 그 사람이 원망스럽다고 고백한다. 결혼도 하지 않고 아이를 낳을 생각도 없는데 내가 낸 세금이 왜 일-가정 양립을 위한 정책에 쓰여야 하느냐는 이야기도 들었다. 이렇게 각자의 이해관계에 따라 여러 결의 문제가 혼합되어 있는데, 이것을 어디부터 어떻게 풀어야 할까? 결혼은 지극히 개인적인 선택일 뿐인데, 왜 우리는 다른 가족의 아이한테까지 보육이니, 교육이니 신경을 써야 하는 것일까.

그 이유는 여기에 있다. 아이는 '공공재'이기 때문이다. 나는 낸시 폴브레의 책에서 이 말을 읽고 속이 다 시원했다. 아이는 단지 (요즘에도 이런 개념이 있다면) 한 집안의 대를 잇고, (이런 집이 얼마나 있을지는 모르겠지만) 재산을 물려받으며, (정말 이렇게 생각할 부모가 있을지는 모르겠지만) 부모의 만족과 사랑을 위해 키우는 존재만은 아니다.

아이를 사적 존재만으로 보는 이런 시선 자체도 문제이지만, 지금은 농경사회처럼 부모가 아이 키우고 그 아이가 나이 들어서 부모를 봉양하는 시대가 아니다. 오히려 아이는 성인이 된 이후부터는 공공재로서 사회에 기여한다. 생산과 소비라는 경제 활동을 하고, 그 활동을 통해 경제 순환을 시키며, 이들이 낸 세금은 전 국민의 복지를 위한 예산으로 쓰이고, 거기에서 우리가 노후에 받을 연금이 나온다. 잘 키운 아이는 선량한 시민으로, 좋은 동료로, 행복한 이웃으로 우리와 함께한다. 경제학적으로 표현하자면 자본주의 경제체제에서 아이는 그 자체로, '인적 자원'인 셈이다.

이 상황에서 돌봄 불이익이 생긴다. 아이를 키우는 것에 대한 편익은 아이가 다 큰 후에(돌봄 노동이 모두 투입된 이후에) 사회 전반에 골고루 퍼진다. 반대로 아이에게 제대로 된 돌봄을 제공하지 않았을 때의 불이익은 상상을 초월한다. 가난과 폭력과 억압이 대물림되면서 제대로 돌봄 받지 못한 아이가 성인이 되어 사회에 끼치는 악영향은 개인적 어려움에서 그치는 것이 아니라 각종 범죄로 이어진다. 여기서 '경제적 외부성'이 발생한다. 돌봄 노동의 불이익은 개인적으로 떠맡게 되지만 아이의 돌봄 혜택은 누구나 공유하는 현상이 발생하는 것이다. 이쯤 해서 다시 묻겠다. 출산과 육아를 정말 개인적인 만족만을 위한 행위라고 치부해도 되는 것인가.

경제적 외부성이 발생하는 이 체계에서 실제적으로 돌봄 노동을 수행하는 사람은 필연적으로 돌봄 불이익을 얻는다. 그 불이익은 통념적 신념이 아닌 실질적 불이익으로 우리 사회에 견고하게 자리잡고 있다. 《82년생 김지영》에는 아이를 낳고 우울해하는 김지영과 그의 남편 정대현이 대화하는 장면이 나온다. 남편은 아내 지영에게 잃는 것만 생각하지 말고 얻게 되는 걸 생각해보라고 말한다. 이에 김지영은 묻는다. 그래서 당신이 잃는 건 뭐냐고. "잃는 것만 생각하지 말라며. 나는 지금의 젊음도, 건강도, 직장, 동료, 친구 같은 사회적 네트워크도, 계획도, 미래도 다 잃을지 몰라. 그래서 자꾸 잃는 걸 생각하게 돼. 근데 당신은 뭘 잃게 돼?"

남편이 상대적으로 잃는 게 없는 게 그의 탓이겠는가. 누구의 잘못인지도 모르겠는데 누군가만 계속 손해를 본다. 무엇인지는 모르겠지만 억울하다, 잘은 모르겠지만 공정하지 않은 것 같다. 뭐라 설명할 수는 없지만 나만 너무 많은 걸 잃어버린 것 같을 때, '돌봄 불이익'와 '아이는 공공재'라는 개념을 알고 있는 것만으로 우리는 현실을 좀 더 정확하게 파악할 수 있다.

또 한 가지, 왜 출산 휴가 간 사람 때문에 자신의 일이 더 늘어나야 하는가? 세금은 똑같이 내는데 일부만 수혜를 받지 못하는 것은 불공평한 일 아닌가? 이렇게 이야기하는 분들을 정말 많이 봤다. 나 또한 겉으로 내색하지 않았을 뿐 20대에는 그렇게 생각하곤 했다. 그런데 그것이 정녕 출산 휴가 간 사람 때문인가? 출산 휴가와 그에 따른 인력을 충원하는 것, 나머지 사람들에게 일을 분배하는 것은 모두 노동자의 권리에 관한 이슈인데 우리 사회는 이상하게 사회적 가치와 갈등 문제가 모두 블랙홀처럼 젠더 이슈로 바뀌어버린다. 그렇게 모두 여성 개인의 문제가 되어버린다. 이렇게 말하면 사람들은 이제 회사에 그런 돈이 어디 있느냐, 회사의 매출이 올라야지 그런 것도 해주는 것 아니냐, 회사에 너무 많은 걸 바라는 게 아니냐고 말한다. 왜 바라면 안 되는가? 우린 너무 쉽게 자본과 기업과 권력자의 위치를 대변한다. 진짜 화를 내야 할 대상에게는 침묵하면서 힘없는 개인에게만 돌팔매질하는 것은 아닌가?

안타까운 점은, 지금 우리가 당면한 노동 시장은 사측이 무한 권력의 위치에 있고 노동자의 생사여탈권마저 자본이 쥐고 있는 상황이라는 것이다. 이 상황에서 구조의 문제를 인식한다 하더라도 개인이 할 수 있는 일은 그리 많지 않다. 모든 개인에게 투사가 되라고 할 수도 없고, 그렇게 될 수도 없다. 또한 그것이 하나의 억압으로 작동하길 원치 않는다. 이런 상황에서 우리의 멈칫거림을 기회 삼아 무급 노동에 대한 경제적 불이익은 신자유주의의 확산을 등에 업고 더욱 가속화된다.

신자유주의의 특징을 단 세 가지만 꼽는다면, 개인의 책임 강조, 국가 책임의 최소화, 공공 영역의 가족화가 아닐까? 신자유주의는 자본과 노동에 대한 규제를 축소해서 사회 재생산 비용과 책임을 국가로부터 가족에게 이전시켰다. 이러한 재사유화는 개인의 경제적 자립을 평가 도구로 삼는다. 모든 이에게 '나-주식회사'를 주입하고 죽도록 노력하기를 강요하며, 차별이 있다면 그것은 능력에 대한 대가임을 강조한다. 그 결과 여성에게는 남성과 동등하게 시장 노동에 참여해야 할 것을 요구함으로써 공고한 성별 분업에 균열을 냈지만, 한편으로는 사회 재생산 비용을 가족에 떠넘기는 효과도 발생시켰다.

워킹맘이 회사를 그만둘 때 항상 하는 이야기가 있다. "회사 다니면서 가사 돌보미와 양육비를 제하면 몇 푼 남지도 않는데 아이라도 내가 보는 게 마음이 더 편할 것 같다." 돌봄의 비용을 개별 가족이 치르게 함으로써 여성이 시장 노동에 참여하는 혜택은 점점 감소하게 된 것이다.

이런 신자유주의적 세계화가 한국의 저출산 위기에 대해 줄 수 있는 시사점은 무엇일까? 나는 이것이 근대 사회의 근본적 모순이 신자유주의로 좀 더 가속화되었을 뿐이라고 생각한다. 자본주의적 '일하는 주체'와 '돌봄 노동 수행자로서의 주체'의 양립 불가능성이 저출산의 원인이라고 보는 것이다. 개인의 자조를 강조하고 최소한의 생활도 보장해주지 않는 상태에서 출산과 함께 딸려오는 무급 노동과 낮아진 지위, 모든 사회적·물적 토대를 남편을 통해서만 매개되어야 하는 성 역할 규범, 이렇게 돌봄 불이익이 갈수록 높아지는 상황에서 여성의 비혼과 저출산은 합리적 선택 아닌가? 솔직히 말해 나는 왜 저출산이 문제인지도 잘 모르겠다. 아이가 크는 데에 대한 비용을 개인이 모두 감당해야 하는 사회에서 아이가 없으면 곤란한 사람은 부모가 아니라 당장 세금 낼 사람이 없어지는 정부와 소비자가 사라지는 기업 아닐까? 이런 생각이 드는 게 정말 나의 착각일까?

이 상황에서 정부도 여러 돌봄 노동을 지원하려고 노력하고 있다. 실제로 여성의 출산 휴가, 육아 휴직, 탄력 근무 등 다양한 제도가 시행 중이고, 남성 육아 휴직도 독려하고 있다. 최근에는 워라벨(일과 삶의 균형이라는 의미인 'work-life balance'의 준말)을 목표로 한 '일-가정 양립 지원 정책'이 쏟아지고 있다. 그와 동시에 사립 유치원에 막대한 경제적 지원이 이루어졌다. 그런데 나는 궁금하다. 돌봄에 대한 지원이 꼭 사립 유치원 같은 시장 영역에 집중되어야 했을까? 정부는 영유아에 대한 보육 지원을 강화하면서 국공립 유치원을 지을 수도 있었다. 돌봄 노동을 담당하는 유치원 선생님의 수를 늘릴 수도 있었고, 그들의 질적 성장을 위해 교육을 강화하고 임금을 훨씬 더 높일 수도 있었다. 직장 내 유치원을 의무화하거나 (주양육자로서 남성의 역할을 장려하기 위해) 아빠의 노동 시간을 획기적으로 줄일 수도 있었다. 그런데 정부는 사립 유치원 지원을 택했다. 이는 정부의 돌봄 문제에 대한 접근법, 여성과 돌봄 노동에 대한 관점을 여실히 드러내 보이는 것은 아닌가? 아마

페미니즘의 틀로 나를 보다

도 그 접근법은 생산 영역의 확대였으리라.

또 한 가지, '일-가정 양립 지원 정책'이라는 말도 불편하긴 마찬가지다. 1인 가구가 전체 가구 중 28.6%를 차지하는 지금 시점에 꼭 아이를 돌보는 일이 아니라도 부모님 병간호나 자기 계발 등 모든 개인에게는 일과 삶의 균형을 위한 시간이 필요하다. '일과 삶'이었던 워라밸이 우리나라에서 '일-가정 양립'으로 바뀌는 것은 뿌리 깊은 가족 이데올로기를 방증한다. 게다가 그 가족 이데올로기에는 한부모 가족이나 다양한 가족 형태는 들어 있지도 않다. 오직 '남편-아내-아이' 기본 핵가족을 모델로 한 '정상 가족'뿐. 그 안에 속하지 못하는 수많은 비혼, 독거 어르신, 싱글맘(싱글대디) 같은 이들에 대한 돌봄의 공백은 무시해도 되나? 언제까지 그 모든 돌봄을 가족에게만 맡겨둘 것인가? 게다가 가족의 개념 또한 파편화되고 희미해져가고 있는 이 시대에 말이다.

'보이지 않는 손'만을 경제로 치고 '보이지 않는 가슴'을 비가시화하는 사회가 만들어낸 것은 결국 '돌봄의 공백'이다. 모두에게 필요하지만 아무도 하지 않으려 하는 돌봄 공백 사회에서 가장 먼저 필요한 것은 우리는 모두 돌봄이 필요한 존재이자 돌봄을 해야 할 주체라는 인정이 아닐까.

'아내'를 둘러싼 대연정

〈자본주의, 가부장제, 성별분업〉,《캘리번과 마녀》

대학을 졸업하고 취직을 할 때까지 나 자신을 '여자'라고 느껴본 적이 별로 없다. 총 정원 200명에 여성이 채 40명도 되지 않는 전형적인 남초 학부를 다녔고, 잇따라 남초 부서인 마케팅 영업부서에서만 10년 넘게 근무했다. 어느새 나는 "일은 남자들하고 하는 게 더 편해", "여자애들은 일 시키기 너무 까다로워"라는 말을 아무렇지 않게 내뱉는 사람이 되어 있었다. 동기와 상사들이 성차별적 농담을 던질 때면 못 들은 척했고(지금 생각해보면 어떻게 해야 할지 몰랐던 거였다) 어느 때는 한술 더 뜨기도 했다(내가 어리석었다). 가끔은 '그런 여자'와 선을 긋는 것으로 그 상황을 모면하려 하기도 했다(반성한다).

그렇다고 내가 그들 사이에 낄 수 있던 건 아니었다. 나를 동기, 동료, '여자 사람'으로 대하던 그들은 정작 중요한 순간, '여자'인 나를 쏙 빼놓고 자신들만의 커뮤니티를 만들었다. 그 안에서 중요 정보와 윗선의 지시 내용을 공유하고 그들만의 네트워크를 다져나가는 것을 애써 모른 척했다. '실력만 있으면 되지', '능력으로 입증하겠어' 뭐 이런 생각들을 하며 말이다. 그런데 웬일인가. 이상하게도 업무 중요도가 높고 소위 티가 나는 일은 남성 직원의 담당으로 돌아갔고, 나에게는 그를 뒷받침하는 역할이 주어졌다. 식사나 회식 시간에는 언제나 내가 아닌 '나의 남자친구'가 주요 주제로 올랐고, 성과가 아니라 성격으로 나를 파악할 때면 불쾌해지곤 했다. 그런데 결혼을 하고 임신을 하고 아이를 출산하자 나는 동료도 노동자도 마케터도 아니고 하물며 여자도 아닌, 그저 '엄마'일 뿐이었다. 사람들은 나에게 일에 관한 질문 대신 "그래서 아이는 누가 키우냐"고 물었다. 하도 많이 듣다 보니 그 말 뒤에 숨은 말이 들리는 듯했다. "엄마가 되어 가지고 애는 안 보고." 돌이켜보면 나는 좀 억울했던 것 같다.

하이디 하트만의 〈자본주의, 가부장제, 성별분업〉을 읽는 내내 회사를 그만두던 때가 떠올랐다. 그 과정을 굳이 지금 떠올리고 싶지는 않다. 그저 그 모든 게 '기승전 육아는 엄마 몫'으로 귀결되었다는 점만 기억한다. 그 이후 나는 흔히 말하는 정규직 노동자 세상으로 다시 편입하지 못했다. 10년 후 지금, 나는 여성학과를 다니며 그때의 나를 돌아보고 있다.

하이디 하트만은 자본주의 사회가 발전하기 훨씬 이전, 국가가 처음 생성되기 시작할 때부터 가부장제는 나타나기 시작했다고 말한다. 평등하면서도 서로 다른 역할을 하는 것일 뿐 위계로는 단정지을 수 없던 성별 역할 분리는 국가 기구 및 경제 체계가 등장하면서 더욱 제도화되고 고착화되었다. 공사 구분은 명확하게 분리되기 시작했고, 남성들은 여성 노동력에 대한 통제를 강화하기 시작했다. 이렇게 가부장제는 자본주의와 '행복하게' 만나게 된다.

자본주의의 발전 과정에서 '인클로저(enclosure)'를 빼놓을 수 없다. 인클로저 운동은 보통 농민들이 토지를 박탈당한 과정으로 설명된다. 15세기 중엽 이후, 지주 계급은 마을에서 공동으로 쓰던 공유지, 황무지, 개창지 등에 울타리를 치고 자신의 사유지로 만든다. 이 때문에 기존의 자작농이었던 이들은 소작농이 되고, 먼저 울타리를 침으로써 농업자본가가 된 이들은 박탈한 토지의 생산량을 통해 세력을 확대한다. 이러한 축적은 자본주의 발전 과정에서 중추적 역할을 한다. 이것은 자본주의가 확장하던 시기에 또다시 정확하게 반복된다. 신대륙 정복이라는 이름으로 아메리카 원주민들이 땅을 잃고 학살당했으며, 아프리카 흑인들이 같은 방식으로 자원을 침탈당하고 노예로 팔려 갔다. 그 기간 동안 유럽과 미국은 점점 더 부강해졌다.

페미니즘의 틀로 나를 보다

자본주의가 어떻게 여성의 노동을 평가 절하했고, 가내 무급 노동이 남성에게 얼마나 유리하게 작동했는지 정교하게 추적하는 책으로는 실비아 페데리치의 《캘리번과 마녀》가 있다. 인클로저의 역사를 여성의 관점에서 볼 경우, 자본주의 구성의 역사는 좀 더 실체가 분명해진다. 농경사회에서 여성은 다른 여성들과 공동체를 영위하며 나름대로 자기만의 영역에서 독자성을 인정받고 있었다. 자본주의와 근대가 시작하면서 여성의 몸과 그들의 노동에서 인클로저와 시초 축적이 일어난다. 자본주의 자체가 시초 축적 없이는 발달할 수가 없는데 그 모든 축적의 초기에 여성에 대한 약탈이 있었던 것이다. 여성은 생존과 독립을 유지하기 위해서 공유지에 의존했는데, 공유지의 박탈은 여성에게 사회적 관계와 지위가 무너지는 결정적 요인이 된다. 그 과정에서 마녀사냥은 '자본주의로의 이행에 필수불가결한 사건'이었다.

자본주의는 여성의 재생산 노동을 세 가지 트랙으로 우려먹는다. 첫 번째 트랙에서는 여성이 하는 일을 노동으로 치지 않으면서 그들이 하는 모든 노동을 보이지 않게 만든다. "임금을 주지 않으면 착취한다는 사실마저 드러나지 않는다. 그 때문에 여성의 노동은 자본 밖에 있는 개인적인 서비스처럼 보이게 된다."(《혁명의 영점》에서 인용) '가사 노동=여성이 하는 일'이라는 등식을 고정화하기 위해 가사 노동은 여성의 본능적인 일, 원래 좋아하는 성향, 타고난 자질이라는 신화를 만들어낸다. 《잠깐 애덤 스미스씨, 저녁은 누가 차려줬어요?》를 보면, 지그문트 프로이트는 실제로 여성이 청소를 더 잘하도록 태어났다고 주장했다. 여성의 질이 본성상 더럽기 때문에 그 더러운 느낌을 보상하기 위해 청소에 더욱 집중한다는 것이다.

두 번째 트랙은, 노동 시장에서 여성이 하는 일, 여성이 한다고 생각되는 일의 임금을 싼 가격으로 후려친다. 가사 노동과 연관된 모든 일, 그리고 여성이 하는 일이 모두 무급 노동의 연장으로 취급되어 평가 절하된다. 국가와 자본은 남성 생계 부양자 모델을 기본값으로 상정하고 모든 정책과 규율을 만들어낸다. 여성은 남성을 보조해서 돈을 버는 존재이기 때문에, 퇴직은 1순위, 급여는 두 번째, 업무도 남성의 보조에 머물게 된다.

세 번째 트랙은 말 그대로 사회의 진짜 재생산 활동인 아이들의 출산과 육아를 감수함으로써 다음 세대의 생산자와 소비자를 생산하는 역할을 맡는다. 자본주의는 이런 구심점을 보이지 않게 만들어버렸다.

자본주의는 계속해서 발달했다. 산업화 시기 늘어나는 생산 공장에서는 여성과 아이까지 노동력으로 흡수하게 되고, 이것은 여성에게 가족이라는 틀에서 벗어날 수 있는 기회를 주게 된다. 이는 한편으로 남성에게는 가족 내의 노동 통제력에 대한 기반을 상실할 위협을 주었다. 이 시점에서 남성 노동자들과 자본, 국가가 '아내'를 거래 조건으로 대연정을 맺게 된다. 남성 노동자에게 아내를 보장해주면서 자본은 남성 노동자라는 안정적인 산업 일꾼을 지속적으로 보장받게 된 것이다. 가사 노동을 무급 노동으로 취급하면서 프롤레타리아인 남자가 자본가에게 억압받는 굴욕을 감수하는 대신, 집에서는 아내라는 하인을 마음껏 부릴 수 있도록 만들어준 것이다.

1920년대 헨리 포드는 노동자들의 급료를 올려주는 조건으로 결혼 증명서를 요구했다. 게다가 그 증명서가 맞는지 확인할 조사관들을 각 가정에 파견하기도 했다. 이 이야기를 인용하며 20세기 초의 이탈리아 철학자 안토니오 그람시는 이렇게 말한다. "새로운 산업주의는 일부일처제를 필요로 한다. 노동자들이 무질서하고 자극적인 방식으로 아무 때나 성적 만족을 추구하는 데 에너지를 낭비하지 않아야 하기 때문이다. (……) 격정적인 하룻밤의 날아갈 듯한 기분은 가장 완벽하게 자동화된 생산 라인의 규칙적인 움직임과 함께 갈 수 없다."(《나는 과학이 말하는 성차별이 불편합니다》에서 인용)

'가족 임금'은 남성에게는 한 집안의 가장이라는 권위를 부여해줌으로써 하루 여덟 시간도 넘게 두말없이 일하도록 만들었다. 한편으로 남성 생계 부양자 모델을 통해 가부장의 권위를 강화했으며 국가의 책임 있는 일원으로 귀속되는 길을 터주었다. 이제 여성이 일생 동안 추구해야 할 최고의 가치는 '노동 계급의 하녀'

가 되었다. 거기에 여성의 의견은 왜 없었을까?

이즈음부터 '낭만적 사랑'과 그에 기반한 결혼제도가 일반화 되었다는 것이 과연 우연의 일치일까? 남성에게 주는 당근이 '남 성 생계 부양자로서 지위에 따른 가족 내 여성 노동의 종속'이었 다면 여성에게 주는 당근은 '낭만적 사랑과 결혼을 통한 안정적 지위의 획득'일 것이다. 그것이 진짜이든 아니든 여성들은 그 길 만이 행복이라고 주입받았다. 이 이데올로기는 여성들에게는 낭 만적 사랑과 결혼이라는 남녀 차별적인 위계질서를 지속적으로 유지시켜주는 낭만적 프로파간다로 작동했고, 지금도 유효하다. 우리는 하루에도 수십 번씩 광고와 미디어를 통해 낭만적 사랑과 운명의 결혼, 사랑받아야 비로소 완전해진다는 환상(그리고 사랑받 기 위해서는 예쁘고 젊고 섹시해야 한다는 강박까지)을 주입받는다. 이것의 바탕에는 여성이 가정에서 적절한 과제를 계속 수행해주길 원하 는 누군가들이 있었다.

이는 지금까지 이렇게 이어진다. 노동 시장은 (어차피 아이 낳으 면 그만둘 것이기에) 여성에게 저임금을 강요한다. 아이를 낳은 후에 도 (생계 부양자가 아니기에, 취미 혹은 자기계발로 하는 일이기에) 저임금은 이어진다. 그리고 낮은 임금을 받는 여성은 계속해서 회사에 다닐 동기를 찾지 못한다. 이는 가정에 대한 여성의 예속을 더욱 강화 시키고, 가정 내에서의 여성의 노동은 남성의 혜택으로 돌아간다. 아내 덕분에 일상을 유지하기 위한 잡다한 일에서 벗어난 이들은

페미니즘의 틀로 나를 보다

온갖 문학과 철학, 정치와 조직을 통해 자신들의 권력을 정당화하고 강화할 수 있게 된다.

이러한 과정은 한국의 근대화 과정에서 나타난 가족정책과 노동자상의 구성과도 다르지 않다. 한국 기업에서 '노동자'는 '1인 생계 부양자'라는 가족 내 역할뿐 아니라 '가장'이라는 가부장적 가족 안의 지위와 결합되었다. 개인의 생존과 복지가 전적으로 가족에게 맡겨진 한국 사회에서 기업은 그에 대한 보호를 제공한다는 명분으로 부양자 남성에게 장시간 노동과 회사에 대한 충성을 요구했고, 가부장적 가족주의는 그러한 고용 관계를 지탱하는 이념으로 기능해왔다. 그 속에서 가족 지위와 노동자상의 결합은 지극히 젠더 편향적으로 견고해졌다. 이것은 남성과 여성에게 다른 지위와 역할, 책임을 부여하고 그 지위에서 노동자는 가족의 대표, 가장인 남성과 동일시된다.

조주은의 《기획된 가족》에서는 현대자동차에서 시행했던(지금도 시행하는지는 잘 모르겠다) 가족 경영에 대해 이야기한다. 회사는 생산직 노동자의 아내들을 초대해 남편이 하는 일을 견학하게 한다. 남편이 회사에서 가족을 건사하기 위해 얼마나 힘들게 노동하는지 학습시키고, 가정이 우선 편안해야 남성이 회사에서 좋은 노동자가 될 수 있다고 강조한다. 이것은 곧 남성 노동자가 생계 부양자 역할에 충실할 뿐 아니라 부양가족을 보호, 통제하고 건실한 가족생활을 유지하는 것이 곧 이상적 노동자의 자질로 여겨지게 끔 만드는 과정이다.

신고전주의 경제학자들은 성별 직업 분리 현상을 성차별 태도와 마찬가지로 내적인 개인의 이념적 요소들에 귀속시켰다. 성별 직업 분리는 개인의 선호도에 따른 것이지 누적된 성차별 때문이 아니라는 것이다. 마르크스주의 경제학자들은 직업 분리 현상의 책임을 자본가에게 전가했다. 남성 노동자의 역할과 수백 년 동안 지속되어온 가부장제적 사회관계의 영향을 무시한 것이다. 하트만은 이야기한다. "자본주의는 가부장제 위에서 성장하였고 가부장적 자본주의는 계층화된 사회"라고. 특히나 신자유주의는 남성, 여성보다 '개인'이라는 이름으로 우리를 호명했고, 그 상황에서 몇몇 뛰어나게 성공한 여성들도 나타나게 되었다. 이전 시대에 남성들에게는 기본적으로 주어지던 경제적·사회적 우선권이 이제 노력해서 쟁취해야 하는 가치가 되었다. 인류 초기부터 여성들이 항상 그러했던 것처럼 말이다. 그러자 남성들은 자신이 이제 역차별을 받고 있다고 말한다.

자신의 지위를 인정하지 않으려는 이들에게 그 지위를 포기하라고 할 수 있는가? 하트만의 말대로 여성이 자유로워지려면 가부장적 권력과 자본주의 사회 조직 모두와 싸워야만 할 것이다.

여기까지 생각하면 나는 너무 진이 빠져버리고 만다. 그런데

페미니즘의 틀로 나를 보다

어떻게 싸운단 말인가. 나는 제도와 국가, 자본과 싸우라는 말은 오히려 단순하게 느껴진다. 쉬워 보인다는 말은 아니다. 복잡한 건 관계이다. 가장 가까운 관계, 상처 주고 싶지 않은 관계, 조금 내가 손해 보더라도 베풀고 싶은 관계. 내가 화가 나는 건 그런 거다. 누군가는 그런 관계를 생각해 알면서도 해주고, 모르는 척하고 억울해도 해준다. 그런 사람이 항상 정해져 있다는 게, 그래서 해주는 것이 너무나 '자연스럽게' 된다는 게, 내 억울함의 기원은 아니었을까.

나는 주부다

《혁명의 영점》

주부들과 만나서 나누는 대화의 대부분은 재생산 노동과 관련되어 있다. 자녀들의 학원 스케줄부터 시작해 이번 방학에 보낼 어학원, 스키 강습을 거쳐 여름 휴가는 어디로 갈지, 오늘 저녁 반찬은 무엇으로 해야 되는가까지에 이른다. 이런 대화의 마지막은 남편에 대한 평가로 흐르게 되는데, 우리 남편은 그나마 잘 도와준다, 전혀 도와주지 않는다, 잘 도와줄지 알았는데 안 도와준다 같은 식이다. 그러면 또 한 사람이 나서서 훈수를 둔다. 그럴 때는 남편을 이렇게 시켜서, 이렇게 하게 만들고, 안 할 때는 또 이런 방식을 써야 한다고. 이런 이야기를 듣고 있자면 가사 노동과 관련한 모든 문제는 어떤 남편을 만났는가라는 개인적 팔자소관이나 커뮤니케이션 기술에 좌우되는 것 같다. 나는 이런 이야기를 들을

페미니즘의 틀로 나를 보다

때마다 혼란스러워지곤 했다. 우리 남편은 잘 도와주니까 난 복 받은 사람인가? 왜 똑같이 일하는데 남성은 일주일에 밥 한 번만 차려도 '좋은 남편'이 되고, 여성은 '살림 안 하는 몹쓸 아내'가 되는 걸까? 왜 누군가는 항상 일을 분담하고 시키고 지시하는 것까지 맘 상하지 않게 신경 쓰면서 이야기하는데, 다른 사람은 그걸 하는 것만으로 훌륭한 사람이 되는 걸까? 가정을 사적인 영역에 묶어두고 침실과 부엌을 오가는 잔소리만으로 가사 노동과 재생산 노동의 문제가 해결되는지 항상 의심스러웠다.

이런 상황에서 과거 페미니스트들은 '여성도 일을 하자, 임금을 받자'라고 강조해왔다. 그 험난한 시간들을 거쳐 이제 여성도 남자와 똑같이 공부하고 일하고 돈을 벌면서 살아가고 있고, 살아야 함을 안다. 그런데도 가사 노동은 줄어들지 않고 이는 고스란히 여성의 짐으로 돌아온다. 수십 년간 남성과 똑같은 위치에 서기 위해 죽어라 달려왔는데, 결국 '더 많이 일할 권리, 더 많이 착취당할 권리'를 위해 뛰어온 셈이다. 이에 《혁명의 영점》의 저자 실비아 페데리치는 '가사 노동의 임금화'를 강조한다. 가사 노동에도 임금을 달라는 것이다. 저자는 이렇게 말한다.

"우리가 가사 노동에 대해 임금을 원한다고 말하는 것은 가사 노동을 거부하기 위한 첫걸음과 같다. 왜냐하면 임금에 대한 요구는 (이제까지 보이지 않던) 우리의 노동을 눈에 보이게 만드는데, 이를 위한 첫 번째는 그것에 가격표를 다는 것이다."

_《혁명의 영점》 (p.77)

페데리치는 여러 번에 걸쳐 여성의 노동이 개인적이고 사적인 영역이라는 인식 때문에 가사 노동의 임금화가 어려웠다고 말한다. 특히 많은 여성들이 가사 노동에 임금을 주자고 하면 꺼림칙해하면서 "단 1초라도 스스로를 주부라고 생각하지 않으려 하기 때문"이라고 말한다. 나는 이 부분에 뜨끔했는데, 결혼을 하고 살아온 10년이 넘는 시간 동안 나는 내가 '주부'가 될까 봐, 내가 가진 모든 정체성이 '주부'라는 한마디로 설명되고 표현되고 생략되어 버릴까 봐 그야말로 애쓰고 노력하며 살았기 때문이다. 그런 내 생각이 잘못되었던 걸까? 저자는 이렇게 말한다.

"우리의 노예 상태는 자기 정체성을 분별하지 못하기 때문에 유지, 존속된다. (……) 그리고 우리가 뭔가 더 나은 어떤 것, 주부와는 다른 어떤 것이라고 생각하는 한, 우리는 지배자의 논리를 받아들이게 된다. 우리 모두는 주부다. 우리가 어디에 있든 간에 그들은 항상 우리에게 더 많은 노동을 기대할 수 있다."

_《혁명의 영점》 (p.50)

'나는 남편이 잘 도와주는 편이라서 괜찮아', '돈 많이 벌어서 가사 도우미 쓰면 되지'라고 말하면서 나 역시 나의 노동을 하찮게 만드는 데 일조하고 있던 건 아닐까. 어쩌면 이런 나의 말들이 가사 노동을 보이지 않게 만드는 데 한 축을 담당하고 있던 것일지도 모른다. 그렇다면 재생산 노동이라는 무급 노동을 타인의 임금 노동으로 전환함으로써 여성의 일자리를 늘리는 것이 과연 '가사 노동=무급'이라는 자본주의 중심적 축을 파쇄하고 있는 것인가? 페데리치는 지금 이 시점에서 여성주의적인 해방 투쟁이 필요하다고 강조하면서 그것은 '작업장의 노동 계급에 합류'하기 위한 투쟁이 아니라고 말한다. 우리들 일상의 삶을 만들어가는 것은, 재생산 노동과 '공유재'의 삶이라고 말이다.

공유재의 삶은 무엇일까? 공유재는 기본적으로 물, 공기, 토지, 씨앗 등 생명과 관련된 모든 것을 말한다. 한마디로 '자연'이라고 해야 할까? 자본주의는 이러한 자연적 공유재들이 지속적으로 기업에 의해 사유화되어온 역사이고, 국가의 지배를 위해 통제, 감시되어온 역사이다. 그렇지만 이것들은 인간뿐 아니라 지구의 생명과 삶을 지속하기 위해서 모두가 공유해야 하는 재산이다. 페데리치는 이러한 재생산의 필수적인 물질들을 공유재화함으로써 가정과 공동체 내에서 대항권력을 구성하자고 주장한다. 이러한 여성주의적 공유재의 정치를 통해 일상생활을 근본적으로 전환하고, 모두가 자율적으로 재생산할 수 있는 사회를 만들어야 한다고 말이다. 그리고 이를 이루기 위한 첫걸음은 가사 노동의 집단화와 공동화라고 강조한다.

　사실 나는 잘 모르겠다. 두 가지 부분에서 그렇다. 우선은 실행의 가능성이다. 만약 가사 노동에 대한 임금을 준다면 어떻게 계산하고 누가 누구에게 준단 말인가? 또 그 돈은 어디서 나오는가? 이런 복잡한 질문을 하다 보면 도대체 가사 노동에 임금을 주자는 말이 가능하기나 한가 싶어진다. 아니 가능하고 가능하지 않고를 넘어 그것이 오히려 여성을 가사 노동에 더욱 붙잡아두는 일은 아닐까 의심스럽다. 더해서 가사 노동에 대한 임금 투쟁이 당면한 나의 문제를 해결해줄 수 있을 것인가에 대해서도 의문이 든다. 우리의 일상을 만들어가는 것이 재생산 노동과 공유재의 삶임을 알지만 당장 나는 오늘의 설거지와 청소가 부담스럽다. 가사 도우미를 쓰는 것이 가사 노동을 비하하는 것인지도 잘 모르겠다. 그분들이 일을 하면서 얻는 실질적 이득은 왜 무시하냐는 생각도 들고. 이런 상황에서 그럼 어쩌라는 것인가? 머뭇거릴 수밖에 없게 된다.

　두 번째는 사유의 확장 가능성이다. 페데리치의 이 책을 읽는 동안 새로운 세상의 가능성에 가슴이 뛰면서도 한편으로는 이게 가능할까, 그런다고 무엇이 달라질까 회의가 들었다. 공유재를 운용하는 삶으로 저자가 든 예들이 다 제3세계 가난한 나라들뿐인데, 그건 그저 자본주의 중심부 언저리로도 들어올 수 없는 주변 부이기 때문이라서 그런 것 아닌가라고 생각했다. 과연 그런 나라의 예들이 큰 의미가 있을까? 과연 자본주의 바깥이라는 게 존재하기는 한가? 지구에 살고 있는 지금 현실의 맥락에서 공유재의 삶이 결국 주변부에서 버려지고 잊혀져 가는 것과 마찬가지로 보이는 까닭은 왜인지. 하지만 이런 사유가 분명 혁명적임을 알고 있다. '가난vs부자', '공적인 것vs사적인 것', '사유재vs공유재'와 같이 이원론적으로 나누지 말고 이것들을 다 같이 묶어서 생각하자는 게 페데리치의 여성주의 아니던가. 이 사유가 얼마나 전복적인지 알면서도 그것을 현실에 빗대어 재단하려고만 하면 도대체 나는 공부를 왜 하는가.

사실 이런 생각들은 1년 반 동안 페미니즘 수업을 들을 때마다 계속되었다. 나는 항상 '여성'이라는 육체성을 떠안지도 밀어내지도 못한 채 우물쭈물거렸다. 페미니즘은 젠더 없는 세상을 꿈꾼다지만 그런 게 가능한지 상상도 되지 않는다. 정말 젠더 없는 세상을 꿈꾼다면, 페미니즘은 누구를 위한 것일까? 여성학이라는 학문의 존재 이유는 무엇일까? 처음 수업을 듣는 날, 교수님은 이론을 배우는 이유가 뭐냐고 물었다. 나는 그 후에도 가끔씩 스스로에게 질문하곤 했다. 나는 지금 왜 이론을 배우는가? 나는 왜 페미니즘을 배우는 걸까?

내가 내린 결론은 이렇다. 좋은 이론은 우리가 흔히 느꼈지만 제대로 언어화하지 못했던 현상을 탁월하게 설명해준다. 그런 설명을 들으면, '그래 맞아, 그렇게 말하고 싶었어. 내가 느꼈던 게 바로 그거였어'라고 일깨워 나를 설명하는 언어를 가질 수 있도록 도와준다.

더 좋은 이론은 그 이론을 듣기 전에 내가 무슨 생각을 했었는지 기억나지 않게 해준다. 세상이 나에게 강요하는 가치가 아니라 나만의 기준을 만들 수 있게 하고, 나의 언어와 프레임을 가질 수 있게 도와준다.

그보다 더 훌륭한 이론은, 세상을 바꿀 수 있다고 생각하게 한다. 그것이 당장이 될지 미래가 될지, 직접적일지 간접적일지는 알 수 없지만, 지금까지 가지고 있던 사유에 빗금을 내고 틈을 만들어서, 그 틈을 비집고 넓히면서 다른 대안의 가능성을 안겨준다. 그것만으로 세상은 바뀔 수 있고, 실제로 바뀌어왔다는 것을 페미니즘 사상가들의 글과 삶에서 확인할 수 있게 된다. 지난 40년간 여성주의 운동에 투신하면서 계속해서 이론을 정립해온 페데리치는 이렇게 말한다.

"우리는 우리의 신체와 섹슈얼리티를 우리 손으로 통제할 수 있기를, 핵가족으로 인한 노예 상태와 남성에 대한 의존에 종지부를 찍기를, 또한 우리가 수백 년간의 착취가 우리에게 남겨 놓은 상처에서 자유로워지기 시작했을 때 어떤 종류의 인간이 될지를 모색할 수 있기를 원했다."

_《혁명의 영점》 (p.107)

그렇다. "어떤 종류의 인간이 될지를 모색할 수 있기를 원했다"라는 페데리치의 말이 바로 내가 페미니즘 이론을 공부하고 있는 이유였다. 그렇게 본다면 이론의 실행 가능성과 목표 도달 가능성은 사실 큰 의미가 없을지도 모른다. 그러니까 이 세계는 실패 혹은 성공의 이야기가 아닌 것이다. 몇 퍼센트의 가능성에 관한 이야기도 아닌 것 같다. 오히려 그것은 '어떤 종류의 인간이 될 것인가' 혹은 '되고 싶은가' 혹은 '어떤 세상을 만들고 싶은가'에 대한 이야기일 것이다. 그 사유를 시작으로 발자국을 떼려 할 때, 그 첫걸음은 다름 아닌 '나는 주부다'라는 실존에 대한 인정일 것이다. 이것이 아마도, 모든 혁명을 위한 영점이지 않을까.

과학이라는 함정

《페미니즘과 과학》

몇 년 전 독서 모임을 할 때 중년 남성 두 분이 함께 있었다. 공부에 대한 열정도 훌륭했고, 10~20년 정도의 나이 차이가 나는 나와 다른 멤버들에게도 항상 예의를 갖추어 대해주시는 분들이었다. '나도 저렇게 나이 들면 좋겠다'라는 생각을 하며 즐겁게 독서 모임을 해나갔다. 그러던 어느 날, '젠더'에 대해 이야기를 나누게 되자 분위기가 미묘하게 달라졌다. 그분들은 스스럼없이 "남성과 여성은 원래 다르게 태어났다.", "다르게 태어났다는 것은 다르게 해야 할 일이 있다는 것을 의미한다.", "그럼 여성이 애를 낳지 남성이 애를 낳느냐?", "페미니즘은 이런 것을 문제 삼아서 어쩌려는 건지 모르겠다.", "자연과학을 사회과학의 논리로 풀려고 한다."고 말하곤 했다. 그런 말을 들을 때마다 나는 울컥울컥했지만

그것을 타파할 제대로 된 논리를 갖추지 못해 아무 말 없이 씩씩대기 일쑤였다.

이런 질문들은 지금도 계속되고 있다. 우리가 문제시하는 것이 섹스가 아닌 젠더라는 것을, 즉 생물학적 성이 아니라 사회문화적으로 구성되고 역할지어진 젠더라는 것을 알고 있음에도, 섹스와 젠더는 너무 자주 혼용되고, '여성성'과 '남성성'은 '여성'과 '남성'에 딱 붙어 있는 것만 같다. 심지어 이제는 진화심리학이라는 이름으로 이것들이 객관적, 과학적 사실로 설명되기도 한다. 남자는 씨를 진화론적으로 많이 퍼트리는 것이 이득이기 때문에 바람둥이로 진화했고, 여성은 아이를 잘 키우는 것이 진화론적으로 이득이 되었다는 것, 남성은 대화할 때 문제 해결에 집중하고 여성은 관계에 집중한다는 것, 남성은 말을 듣지 못하고 여성은 지도를 보지 못한다는 것. 이것은 과연 객관적이고 과학적인 사실일까? 왜 사람들은 그것이 변치 않는 진리라고 생각하는 것일까?

게르드 브란튼베르그의 《이갈리아의 딸들》은 남성과 여성의 성 역할 체계가 완전히 뒤바뀐 가상의 세계 이갈리아의 모습을 그린 소설이다. 이갈리아 사회에서 여성은 '움'으로 남성은 '맨움'으로 호칭되는데, 이 책의 첫 페이지에 실린 '이갈리아의 용어들'을 보면 이렇게 쓰여 있다.

움(wom)

1 가부장제 사회에서 '여성'이라고 분류되는 성(性)의 인간.

2 어떤 성의 인간이든 인간을 가리키는 말로 쓰인다. 예를 들어, spokeswom(대변인), seawom(뱃사람).

3 일반적인 인간을 움으로 지칭할 수도 있다.

맨움(manwom)

가부장제 사회에서 '남성'이라고 분류되는 성의 인간.

이 사회에서 맨움의 종속은 역사적 필연이다. 엄마와 아이와의 관계는 수정, 임신, 출산, 수유를 통해 신체적으로 직접적인 관련이 있고, 아이가 태어난 후에 움들은 자기 자신과 아이를 위해 땅을 경작함으로써 아이의 생명 물질적인 기초를 제공했다. 한편 맨움과 아이의 관계는 육체적 관계로 맺어지지 않은 순수하게 정신적인 것(그러므로 열등한 것)이라고 생각되었다. 이 사회에서 움은 임신 가능성 덕분에 권력을 얻게 되었다. 왜냐하면 아이를 낳는 것은 움이고 땅을 경작하는 것도 움이고, 알과 건초를 모으고 사회를 조직하는 것도 움이기 때문이다. 그러는 동안 맨움들은 사냥하러 뛰어다니기만 했고 (그렇다고 그들이 사냥물을 집으로 많이 가져오는 것도 아니었다) 아이를 낳지도 못하고 아이에게 젖을 먹이지도 못하고 사냥하느라 긴 시간 바깥으로 나돌았기에 점점 불필요한 존재로 간주되었다.

그 후 농사의 경작법이 복잡해지고 수확량이 증가되면서 인간 사회에 계급 분화가 시작되었다. 자연스럽게 땅을 경작하던 움이 땅을 소유하게 되었다. 이 사회에서 맨움들은 실제적으로 아이를 임신케 하는 것 외에는 기여한 바가 없기 때문에 아이 돌보는 일을 맡게 된다. 아이를 돌보고 집을 관리하고 요리를 하고 일상을 유지하기 위한 다른 많은 일들은 전적으로 맨움에게 적합한 일로 입증되었다. 이 사회에서 맨움들은 움들이 그들에게 나눠준 열등한 지위를 스스로 수용했고, 그것이 자연 질서의 일부라고 믿었다.

《이갈리아의 딸들》은 세계를 이루는 의미 구조와 상징 체계, 지식 체계 자체가 사회적으로 만들어진 특정 패러다임에 의해 구성된 것임을 적나라하게 보여준다. 그렇다면 그 패러다임을 만드는 것은 무엇인가? 지식의 생성과 그 전제 조건, 가치를 논할 때, 그 바탕에는 '객관성'에 대한 확신이 있어야 한다. 편견과 신념에 따라 달라지는 것이 아닌 가치 중립적인 그 무엇, 예측과 통제를 통해 그 누가 관찰하더라도 동일한 연구 결과를 낼 수 있는 것, 우리는 그것을 '객관성'이라 부르고 지식의 전제 조건에 최우선순위로 둔다. 그런데 많은 자연과학자들이 고백하듯이, 자연과학은 사실 '객관적'이거나 '가치중립적'인 것이 아니다(그것이 가능한지도 모르겠다). 거기에는 이미 사회적 의미와 가치가 연구 주제와 과정,

결과에 스며들어 있기 때문이다.

페미니스트들은 이러한 '객관성'에 몇 가지 의문을 제기해왔다. 우선, 가치 중립성에 대한 비판이다. 가치 중립적이라고 부르는 객관성이 엄연히 성차별적이며 기존의 권력 관계를 재생산하고, 성차별주의를 통한 젠더 억압을 정당화하는 데 기여한다고 폭로한다. 또한 과학적 객관성은 연구자의 시각과 감정의 분리를 전제한다. 즉, 순수한 이성적 존재로서의 연구자를 상정하는 것인데, 그런 연구자는 결국 '남성'을 뜻한다.

지식의 주체와 대상 간의 거리가 분리될 수 없다는 것도 문제이다. 누가 연구해도 같은 결과가 도출된다는 말은, 연구 대상은 '바깥에' 고정되어 있고 연구 주체는 그것을 넘치거나 모자람 없이 바라볼 수 있다는 말이 된다. 이런 생각은 인간의 특정한 목적을 위해 대상(자연)의 변형과 통제를 정당화했다.

페미니스트들은 인식 주체가 달라지면 그 인식의 내용이 달라질 수 있음을 지적한다. 근대의 인간은 남성이었으며, 남성의 문제는 인류의 문제가 되었고, 객관적인 것처럼 보이는 것 또한 남성의 시각으로 현상과 의미를 왜곡하고 굴절시켰다는 것이다. 인류는 이제까지 '인간 vs 자연', '인식 주체 vs 인식 대상', '남성 vs 여성', '정신 vs 몸', '이성 vs 감정'과 같은 대비와 위계를 통해 성차별적 지식을 객관성이라는 이름으로 생산해왔다. 페미니스트들은 이런 이분법을 문제 삼으며 여성의 경험과 시선을 반영하는 새로운 인식론과 연구 방법론의 필요성을 주장하게 된다. 이것은 단지 방법론적 통제만으로 해결 가능할까? 아니면 연구자의 배경으로 있는 사회 문화적 해석을 더욱 활성화하면 객관성이 강화될까? 혹은 객관성 자체에 대해 재고해야 할까? 나는 페미니즘만큼 짜릿하고 날카롭게 이 질문에 대해 파고드는 학문을 만나지 못했다.

생물학 연구에서는 성 역할이 생물학적으로 결정된 것이라는 강력한 사례를 만들어내고 있다. 젠더 노동 분업의 뿌리는 인간 진화의 역사이며, 이는 신경내분비학을 통해 생물학적으로 결정된다는 것이다.

《페미니즘과 과학》과 《누구의 과학이며 누구의 지식인가》의 저자 샌드라 하딩은 이런 연구 자체가 남성주의적 편견에 물들어 있다고 말한다. 이미 존재하는 젠더 차별적 편견이 질문의 종류와 연구 방법을 결정하기 때문이다. 예를 들어 우리는 수렵 채집인 남성을 유인원의 표상으로 배웠다. 남성은 밖에 나가 사냥을 하고, 여성은 동굴에서 아이를 돌본다. 그렇게 남성이 밖에 나가 사냥을 하면서 돌을 가지고 여러 형태의 무기를 만들었고 그것이 인류의 발전을 이끌었다. 그런데 인류학자들은 이 남성 수렵 채집인 모델에 회의적이다. 이에 대응하는 것은 여성 채집인 모델이다. 직립보행을 시작하면서 인류는 무기를 사용할 수 있게 되었지만, 이는 여성이 아이를 태어나게 하는 '산도(産道)'를 좁히는 결과도 가져왔다. 이는 덜 성숙한 인간을 태어나게 했고, 아기는 더욱 더 긴 양육 과정을 필요로 하게 되었다. 결과적으로 이는 여성에게 더 많은 압박을 주었을 것이다.

여성은 자신의 어린 자녀를 먹여 살리기 위해 사냥물을 가져오는 남성을 마냥 기다리는 대신 직접 수렵 채집 활동을 한다. 나무의 뿌리를 파내고, 씨앗의 꼬투리를 까고, 야채를 뜯고, 가죽을 문지르고, 거친 뿌리와 잎사귀를 두드리거나 부드럽게 하기 위해서 노력했을 것이다. 이런 상황에서 간석기, 뗀석기, 빗살무늬토기 등 인류의 진화를 시작하는 데 필요한 문명의 도구들을 만든 것이 과연 남성 수렵 채집인이었을까? 하딩은 이렇게 말한다.

> "그것은 남성 중심적인 해석의 틀을 택할 것이냐, 여성 중심적인 해석의 틀을 택할 것이냐의 문제이며 그 틀의 가정들에 근거한 자료에 증거로서의 타당성을 부여하는 문제이다."
>
> _《페미니즘과 과학》(p.129)

결국 지력과 유연성 같은 인간의 특징이라고 알려진 것들의 발전에서 누가 더 공을 많이 세웠느냐, 인류가 어떻게 발달했는가의 문제는 '그것을 누가 정하는가?'의 문제와 연결된다. 우리는 이미 답을 알고 있다. 이미 우리는 인류의 대표로 남성의 모습을 떠올리고 문명의 발전이 모두 남성의 영역이었다고 생각하게 되었다. 남성의 성취는 진화로 구별되고, 여성의 활동은 그렇지 못한 영역에 머문다. 젠더별 노동 분업, 유아의 젠더 정체성, 남성성과 여성성에 대한 불균형한 의미 부여 등 이 모든 것이 생물학의 이름으로 자행한 젠더 편견을 재생산하는 기제들이다.

여기서 한 가지 간과하면 안 될 중요한 사실은, 이러한 젠더 편견을 확산하는 생물학과 사회이론들이 19세기에 봇물 터지듯 만들어졌다는 것이다. 여성 및 남성의 전통적인 역할에 변화가 일어나고, 여성에게 동등한 교육과 고용 기회, 동등한 정치 참여를 요구하던 그 시기에 말이다! 무언가 감이 잡히지 않는가? 이것이야말로 자연과학이 '과학 vs 사회'의 이중적인 기준에 있는 것이 아니라 사회과학과 마찬가지로 역사적 창조물이자 지식 담론의 권력의지에 의한 하나의 효과임을 방증한다.

이에 샌드라 하딩은 과학과 사회과학에 널리 퍼진 남성 중심주의적인 사고를 이야기하면서 우리가 해야 할 일들이 단순히 성차별적 결과를 교정하는 것이거나, 기존의 지식 생산 구조 내에 이미 자리 잡고 있는 젠더 차별적 편견을 바로잡는 것만으로는 충분치 않다고 말한다. 그 성차별적 과학 결과가 나오기 위해서는 배경으로 작용했던 사회문화적인 성 편견과 남성 중심적인 사고가 있었다는 것이다. 연구자는 언제나 특정한 사회적 조건에 놓여 있으며, 중립성을 유지할 수 있는 위치는 없다. 이것을 받아들여 성찰의 도구로 삼는 하딩의 '입장론(Standpoint theory)'은 한 번도 중심의 위치에 서보지 못했던 위치에서 생각한다는 것이 어떻게 지식의 대안이 될 수 있는지 보여준다. 과학과 사회의 '내부에 있는 외부자'의 시선에서 그것들이 작용하는 물질적-역사적 조건들과 실천-주관성의 상호관계를 탐구하는 것이다. 즉, 타자의 관점에서 우리의 삶과 세계를 재조명한다면 지금의 세계가 가능하게 된 구조 자체를 들여다볼 수 있게 된다. 그렇게 된다면 그 구조를 가능하게 만드는 기획에도 맞설 수 있게 될 것이다.

　김은실 교수는 《이갈리아의 딸들》의 추천사에 "한 사회의 남녀 성 역할이 바뀐다는 것은 의미 구조와 상징 체계, 지식 체계에 대한 근본적인 질문을 동반해야 하는 것"이라고 썼다. 세상의 의미 구조와 상징 체계, 지식 체계에 대한 근본적인 질문을 나의 틀로 다시 보는 것, 이것이 페미니즘이 아닐까. 페미니즘은 내가 지금까지 만나왔던 학문 중 가장 전복적이고, 가장 혁명적인 상상력이다.

나는 너를 모른다

《나는 과학이 말하는 성차별이 불편합니다》

결혼 초기의 일이다. 설거지와 청소, 요리, 빨래를 둘러싼 시시콜콜하고 애매모호한 집안일 사이에서 화낼까 말까 시킬까 내가 할까 고민하는 나날이 이어졌다. 내가 가장 화났던 것은 불만을 말할라치면 남편이 말없이 그냥 듣고만 있는 거였다. 나는 이렇게 화나고 열받아 죽겠는데 그는 왜 아무 말도 하지 않는 걸까? 남편은 말했다. "여자들은 해결해주기보다 들어주기를 더 원한다며?" 아이고야, 나는 해결하길 원해. 그것도 바로 지금 당장.

'여자들은 원래~' 류의 말들이 과학이라는 탈을 쓰고 너무나 흔하게 퍼져 있다. 이들의 원류는 아마도 존 그레이의《화성에서 온 남자 금성에서 온 여자》정도가 아닐까? 심리학자나 자기계발 전문가, 생물학자 등 이른바 과학자들은 남녀가 심리적, 감정적,

성적으로 엄청나게 다른 세계에 살고 있으며, 남녀 사이의 여러 문제들은 서로의 성 특이적인 욕구, 강점, 속성, 혼동을 이해하지 못하는 데서 생긴다고 이야기해왔다. 인간은 모두 유구한 세월을 거쳐 유전적으로 진화했는데, 이것들이 그 유전의 산물이라고 말이다. 이런 이야기를 듣다 보면 우리는 어느새 그것이 당연한 것이라고 느끼고 바람직하다고까지 믿게 된다. 타인이 원하는 것이 무엇인지 직접 묻기보다 이런 납작한 관념에 의존하게 되는 것이다.

《나는 과학이 말하는 성차별이 불편합니다》의 저자 마리 루티는 진화심리학자들이 터무니없고 유치할 정도로 단순한 근거와 논증을 가지고 자신들의 주장을 고수한다고 강도 높게 비판한다. 그들이 말하는 성 차별에 대한 결정은 그 자체가 이미 이념적이라며, 진화심리학이 우리 문화에 뿌리박힌 성 고정관념들을 과학적으로 인증하고 그것을 본질화시킨다고 폭로한다. 그 이념의 핵심은, 자식을 가능한 한 많이 남기라는 진화적 명령으로 연애 행동(이른바 짝짓기 행동)의 모든 면을 설명할 수 있다는 믿음이다. 그들은 오랑우탄과 보노보와 침팬지의 예를 들며, 남성의 바람기는 유전자를 널리 퍼트리기 위한 당연한 행동이고 성적으로 저항하는 여성의 조신함은 자신의 아이를 지키기 위한 진화된 행동 양식이라고 설명한다. 그 설명에는 여성이 혼자 아이를 키울 수 있도록 돕는 경제적·사회적 지원이 없었던 역사나 조신하고 얌전한 여성을

페미니즘의 틀로 나를 보다

여성성으로 규범화한 문화적 역사는 모두 보이지 않게 만든다.

한 개인이 태어나서 유년기를 지나 성인이 될 때까지 겪는 경험과 성장의 역사 등은 진화심리학자들에게 철저히 배제되고, 이때 남성과 남성 간의 차이, 여성과 여성 간의 차이는 남성과 여성 간의 차이에 가려 보이지 않게 된다. 말하고 생각하고 감정을 느끼고 언어를 쓰면서 삶을 영위해나가는 인간종의 암컷이 침팬지나 보노보의 암컷과 더 비슷할까, 인간종인 남성과 더 비슷할까? 그런데도 진화생물학은 언제나 침팬지나 보노보를 예로 들며 동물학적 생식이론에 여성의 삶을 가두고 보편과 객관이라는 허울 속에서 빠져나오지 못하게 한다.

그들은 왜 이런 이야기를 하는 것일까? 진화생물학자들은 왜 젠더에 관련한 사항만 나오면 이렇게 덜떨어진 과학자가 되어 한심한 소리만 늘어놓는 걸까? 그건 그들이 그런 세상을 원하기 때문일 것이다. 저자는 남녀 관계에 관한 진화심리학의 주장들, 예를 들면 관계 지향적인 여성과 성취 지향적인 남성이라는 고정관념, 남자는 젊고 예쁜 여자를 좋아하고 여성은 돈이나 권력이 많은 남자를 좋아하도록 진화되었다는 등의 성 고정관념들을 '젠더 프로파일링'이라고 명명한다. 범죄자가 일으킨 범죄 행동의 원인과 심리 상태에 관해 '프로파일링'이라는 이름으로 눈에 보이듯 설명하듯이, 진화심리학에서 말하는 젠더 프로파일링은 '특정 성을 가진 사람은 이러이러하다'는 성 고정관념을 줄줄이 풀어놓는 것이다. 저자는 이것이 실제로는 그럴싸한 과학의 권위를 획득한 신화에 불과하며, 이러한 신화가 사실로 교묘하게 둔갑한다고 지적한다. 그리고 이 젠더 프로파일링은 이성애 기반의 정상 가족 성 역할 이데올로기에 얼마나 충실하게 복무하는지 보여준다. 그것이 결국 남성 우월주의의 가부장제 사회를 지지하며, 이를 공고히 하기 위한 학문적 수사임을 밝혀낸다. 여성이 반복해서 당하는 성차별은 그들의 이론이 과학이라는 미명을 등에 업은 채 큰 목소리를 내기 때문에 가능하다. 게다가 그 목소리는 우리 시대의 많은 이들이 더 평등한 삶을 원할수록 성에 대한 불평등적인 시각을 장려한다.

저자는 "진화심리학이 빠르게 변하는 젠더 관계에 대한 사람들의 불안을 부채질하며 남성과 여성이라는 존재에 대해 모호한 것을 참지 못하는 사람들에게 확실한 답을 제공한다"고 말한다. 인간 삶의 다채로운 모습은 생물학으로 환원되고, 노력하고 공부해야 하는 커뮤니케이션이 불가능하도록 막아버리는 데 진화심리학이 일조하고 있는 것이다.

그런데도 이 학문이 대중화되고 사람들이 별 의심 없이 믿어버리는 데는 몇 가지 이유가 있다. 그중에 아마 가장 큰 이유는 점점 복잡해지는 관계에 명쾌한 해결책을 제시해주는 것처럼 보이기 때문일 것이다. 이 책의 저자 루티는 이렇게 말한다.

페미니즘의 틀로 나를 보다

"'화성남-금성녀'라는 단순한 사고방식은 관계 문제에 대한 즉효약을 제공한다. 남녀 차이가 관계 문제를 일으키는 주된 원인이라고 생각할 때, 관계 맺기에서 필연적으로 일어날 수밖에 없는 긴장과 관련한 온갖 종류의 다른 원인들을 무시할 수 있다. 남녀가 다른 것이 문제라고 추정하는 것은, 관계 맺는 것 자체가 엄청나게 복잡한 일임을 인정하는 것보다 쉽다."

_《나는 과학이 말하는 성차별이 불편합니다》 (p.235)

사회가 다변화되고 커뮤니케이션이 복잡해지고, 이전과 다른 삶의 양식들이 많이 나타날수록 '과학이라는 미명 아래 사회적 클리셰를 팔고 있는' 상황이 빈번해지는 것이다.

사회학자 앤서니 기든스는 《현대 사회의 성, 사랑, 에로시티즘》에서 섹슈얼리티를 서구 사회에서의 '현대성(modernity)'의 전개와 '공사(public/private) 영역 분리'라는 구조적 변동에 의한 것이라고 본다. 현대 사회에서 성은 더 이상 '주어진 것'이 아니라 '인간이 결정하고 선택하는 문제'로 변해가고 있다. 인간관계 역시 관습이나 전통이 아닌, 각각의 개인이 그 관계에 부여하는 의미에 따라 그 형태와 존속 여부가 결정된다. 그런데 현대 사회는 합리적 이성에 따라 조직됨으로써 감정의 문제를 사적 영역으로 추방했다. 기든스는 오늘날 개인의 일상생활 속에서 불거지는 여러 가지 갈등들이 이른바 친밀성이라는 영역에서 엄청난 변화를 맞고 있으며, 남성들은 여기에 거의 준비가 되어 있지 않음을 설명한다. 어쩌면 진화심리학은 이 친밀성 영역에서 어떻게 행동해야 할지 몰라 갈피를 잡지 못하는 이들을 위한 교과서가 된 것일지도 모른다.

다행히 젠더와 성에 대한 전통적인 이상들이 너무나 지루하고 전제적이라는 사람들도 늘어나고 있다. 관계의 다양성을 인정할수록 더욱 많은 것을 얻을 수 있다는 것을 알아채는 사람들도 많아졌다. 하지만 그렇다고 해서 관계가 더욱 쉬워진 것은 아니다. 전통이라는 안전망 없이 관계의 매개 변수들을 상대하는 것은 만만치 않은 일이기 때문이다. 그렇다면 우리는 도대체 어떻게 관계를 맺어가야 하는가? 진화생물학처럼 원래 그런 존재라고 덮어놓고 치워버려야 할까? 전통에 기대지 않고 새로운 사람을 만날 때마다 항상 제로에서부터 새롭게 시작하는 피곤함을 감수해야 할까? 이 책은 젠더 프로파일링이 관계에 대한 고민을 없애주는 것뿐 아니라 어떻게 살아야 할지에 대한 고민 또한 상당 부분 해소해준다고 말한다.

남성과 여성에 대한 깊이 뿌리박힌 관계 패턴은 집단적인 문화 규범들과 섞여 들어가는 것이기에 자연스러워 보인다. 게다가 이러한 사회적 길들이기는 '행복'이라는 이름으로 권장된다. 행복이라 불리는 이데올로기는 우리 삶에 영향을 미치는 가장 강력한 힘인데, 이 사회에서 행복의 가장 중요한 지표 중 하나는 '결혼'이다. 페미니스트 철학자 사라 아메드는 우리 사회를 지배하는 '행복의 각본'은 천편일률적으로 이성애적 욕망의 정점인 결혼을 지향하는 젠더화된 각본이라고 지적한다. 이들의 베이스캠프는 진화심리학이다. 진화심리학이 여성에게 원하는 것은 당신 자식의 아버지가 되어줄 좋은 남자를 만나 그가 성공할 수 있도록 내조에 힘쓰고, 집안 살림을 도맡아하면서 불평 한 마디 하면 안 되고, 남성은 무조건 씨를 많이 뿌리도록 유전자에 각인되어 있으니 그가 바람을 피는 것을 남성의 본성이라고 이해하며 살라는 것이다. 빅토리아 시대의 가부장제가 '과학'이라는 외피를 쓰고 반복되어지는 것도 웃기지만, 더 문제인 것은 정말 중요한 것을 보지 못하게 한다는 거다.

진화생물학은 우리가 정말 어떤 욕망을 가지고 있는지, 그들이 말하는 행복한 관계라는 것이 무엇인지, 가족이 정말 행복한 것인지, 행복하기 위해 우리는 관계에서 무엇에 관심을 가져야 하는지 묻지 않는다. 그것은 결국 개인의 좋은 삶에 대한 상상력을 없애고 우리가 가질 수 있는 관계를 더 얄팍하게 만든다.

기든스는 현대 사회에서 '친밀성의 구조 변동'을 이야기한다. 친밀함의 영역은 인간이 살아가는 데 꼭 필요한 정서적 자원임에도 불구하고, 이제까지 전통과 문화라는 이름으로 젠더화되어왔다는 것이다. 권력이라는 것은 근본적으로 젠더의 권력이었기에 젠더 권력이 역전될 수 있는 유일한 시기, 연애 시절에 많은 남성들이 소위 '밀당'이 너무 어렵다고 하소연하는 것일지도 모른다. 관계 유지와 지속을 위한 감정 노동은 여성의 영역인데, 그 부분을 남성인 내가 감수하는 게 피곤하고 어렵다는 것이다. '밀당'을 기든스의 언어로 표현하자면 '생활 정치' 아닐까? 기든스는 생활 정치를 '제도적 성찰성의 맥락 속에서 움직이는 라이프 스타일의 정치'라고 불렀다. 주지하다시피 성은 가장 정치적인 영역이고 밀당은 생활 정치의 최고봉을 보여준다. 우리가 젠더 프로파일링에 의존하는 이유는 따지고 보면 생활 정치를 할 역량도 책임도 관심도 없기 때문 아닌가. 이때 젠더 프로파일링에 의존하는 것은 쉽고 게으른 선택처럼 보인다. 루티는 이렇게 말한다.

"'성숙한' 사랑은 연애에서 환상을 제거하려고 노력하는 냉철한 사랑이 아니다. 오히려 그것은 우리가 타인의 현실을 결코 완전하게 이해할 수 없다는 사실을 감당할 수 있는가의 문제다. 그것은 관계 맺기라는 양가성의 땅으로 용기 있게 들어가는 문제다. 다른 무엇보다도, 우리가 상대방을 다 알지 못하고 다 알 수 없음을 인정할 때, 변화의 여지가 생긴다."

_《나는 과학이 말하는 성차별이 불편합니다》 (p.291)

우리는 어떻게 관계 맺고 소통해야 할까? 이 어려운 질문 앞에서 저자는 우리에게 기존 생각을 바꿔볼 것을 권한다. 어차피 우리는 타인을 전부 알 수 없다. 우리가 우리 자신도 다 알 수 없는 것처럼 말이다. 즉, 알 수 없는 타인을 알아감으로써 고통받을 수 있는 가능성은 어떤 과학적 이론이나 커뮤니케이션 기술을 배운다고 해도 사라지지 않는다. 그러니 인정하는 것은 어떨까? '우리는 사랑하는 사람을 결코 완전히 알 수 없기 때문에, 고통의 가능성을 배제한 채 사랑하는 것은 결국 불가능하다'는 것을 말이다. 그 모든 가능성을 열어놓고 사랑할 때 그 결과 '어떤 한 사람이 남성 또는 여성 외의 다른 무엇이 될 수 있는 1,000가지 이상의 방식'을 깨닫게 될 수도 있지 않겠는가.

섹슈얼리티 역시 기본적으로 나와 타자의 관계, 곧 인간관계의 문제이다. 이제껏 당연시해왔던 전통과 관습이 아닌 그 관계가 갖는 의미와 지속적 선택에 의해 관계는 결정된다. 이는 전통과 관습에 관계를 의지해오던 이들에게는 충분히 힘들고 괴로운 과정일 수도 있겠다. 그렇지만 어쩔 수 없다. 모호성을 견디는 수밖에. 이러한 추세의 확장은 이제 거부할 수 없는 대세이고 이런 '일상생활의 민주화'로 현대의 삶의 모습은 달라져왔고 앞으로 더욱 더 달라질 것이다. 어쩌면 달라지는 세상은 남녀 이분법적 관계가 전부가 아닌 1,000개의 관계가 공존하는 세상일지도 모른다. 상

상만으로 기대되지 않는가. 이 모든 관계의 시작은 여기서부터인
지도 모르겠다.

"나는 너를 모른다."

《우리는 왜 이렇게 오래 열심히 일하는가?》

오랜 시간 열심히 일했다. 누가 시키지 않아도 내 월급보다는 더 일해야 한다고 생각했고, 성과를 내지 못하면 자존심이 상했다. 인정받고 승진할수록 내가 꽤 괜찮은 사람으로 느껴졌다. 나의 모든 인간관계는 일을 중심으로 맺어졌다. 당시 내가 읽던 책들은 피터 드러커의 《프로페셔널의 조건》, 《매니지먼트》 같은 것들이었다. 머리가 복잡할 때면 마케팅 책을 읽었고, 심심할 때는 전략과 브랜드스토리를 읽었다. 육아 때문에 회사를 그만두고 가장 괴로웠던 것은 더 이상 내가 원하는 일을 열심히 할 수 없다는 사실이었다. 육아의 우울증에서 어느 정도 헤어나고 나 자신에게 묻기 시작했다. 나는 분명 프롤레타리아인데 왜 좀 더 오래, 열심히 일하면서 부르주아의 인정을 받기 원하는 걸까? 마르크스의 바람대로 혁명을 일으킬 생각은커녕 왜 좀 더 바람직한 프롤레타리아가 되기 위해 노력하는 걸까? 게다가 내가 부르주아라도 되는 양, 일 못 하는 사람을 무시하고 경멸하기까지 했다. 내가 열심히 일할수록 노예의 삶을 살 뿐이라는 걸 알고 있는데, 인정, 성취, 성과와 같은 달콤한 말 뒤에는 착취를 합리화하고 불평등을 정당화하는 이데올로기가 있다는 것을 인식하고 있는데도 불구하고, 왜 나는 거기에 충실히 복무하는가.

이것은 두고두고 나를 괴롭혔다. 왜 나는 모범적 프롤레타리아가 되지 못해 안달하는가. 어릴 적 채워지지 못한 인정 욕구 때문인 걸까? 노동의 성과를 개인의 가치관이나 정체성, 심지어 가치와 동일시하는 사회적 분위기 때문일까? 경영학과를 나와 마케팅 업무를 담당했고, 지금은 작은 회사를 운영하는 나에게 프로페셔널한 노동자상은 너무나 딱 맞는 옷이었던 걸까? 나는 프랑스의 철학자 미셸 푸코의 말처럼 탈근대 권력의 자기 통치에 너무나 익숙해진 사람인 걸까? 자기계발의 신화에 중독되어 있었나? 자본주의가 원하는 인간형에 내가 너무 잘 적응한 걸까? 어쩌면 육아 때문에 회사를 그만두면서 내가 그토록 힘들었던 이유는 여성으로 태어났다는 것만으로 이상적 프롤레타리아가 될 수 없는 현실을 깨달아서가 아니었을까?

이상적 프롤레타리아란 누구인가. 육아와 가사에 신경 쓰지 않은 채, 매일 아침 노동만을 위한 장소에 꼬박꼬박 나올 수 있으며, 회사가 원하는 성과를 보여주며, 필요하면 회식이든 야근이든 할 수 있는 사람이어야 한다. 이것은 곧 현대의 노동 시장은 전업주부를 아내로 둔 성인 남성을 위해 존재함을 보여준다. 일, 조직, 노동이라는 근대적 사회 조직은 개인의 노력만으로 만들어지는 세상 같지만 알고 보면 너무나도 젠더 차별적으로 조직된 곳이다. 일만 잘하는 '개인'이면 되는 줄 철석같이 믿고 있던 내가 바보였던 걸까?

《우리는 왜 이렇게 오래, 열심히 일하는가?》의 저자 케이시 윅스는 과거의 노동 윤리에 대해 재고해볼 것을 권한다. 임금 노동 제도와 사유화된 가족이 생산과 재생산의 중심 구조로 기능하는 모델, 이 두 가지를 모두 거부한다면 무엇이 남을까? 저자는 우리 스스로 '더 적은 일'을 요구할 필요가 있다고 말한다.

이런 그의 말은 일할 수 없는 여성에게 더 많은 일자리를 주자는 운동이 더 이상 필요하지 않다는 뜻이 아니다. 노동 조건의 개선을 위한 다양한 정책이 소용없다는 말도 아니다. 현실의 정책에서는 더 적은 일을 요구하는 것이 더 많은 일, 더 나은 일을 요구하는 것과 얼마든지 상충되거나 대립될 수 있기에, 복잡함을 복잡하게 인식하는 것이 중요하다. 자본가 중심의 노동 환경은 여성에게만 불합리한 것은 아니다. 입장 티켓은 주어졌지만 남성 또한 그곳에서 부르주아를 위한 자기착취를 해야 한다. 그 상황에서 여성에게 남성과 같은 입장 티켓을 달라고, 남성과 같이 인정받는 프롤레타리아가 될 수 있는 권리를 달라고 하는 것만이 우리가 원하는 전부인가? 그것이 정말 우리가 원하는 세상인가? 노동의 가치를 인정하고 더 공평하게 배분하는 것만으로는 충분치 않다. 아이가 태어나면 자녀수당을 준다거나, 1인당 기본 소득 얼마씩을 일괄적으로 달라고 요구하는 단순한 수준이 아니다. 그 안에는 노동과 젠더의 관계를 다시 사유하고 어떻게 만들어가야 할지에 대한 비전이 담겨 있어야 한다. 케이시 웍스는 여성의 무급 노동에 임금을 주어야 한다는 주장을 펼친 이탈리아 여성 운동가 델라 코스타의 말을 인용해 이렇게 썼다.

> "우리는 매점도, 보육 시설과 세탁기, 식기세척기도 원한다. 하지만 우리는 선택권을 원하기도 한다. (……) 선택권을 가지려면 시간을 가져야 한다. 그리고 '시간을 갖는 것'은 적게 일하는 것을 뜻한다."
>
> _《우리는 왜 이렇게 오래, 열심히 일하는가?》 (p.199~200)

적게 일하면서 살기 위해서는 기본 소득이 필요하다. 그런데 세상에는 나처럼 '모범적 프롤레타리아'가 되고 싶어 하는 이들이 꽤 많은가보다. 지금 기본 소득 요구에서 가장 많이 불편을 자아내는 지점은, 그 비용이 아니라 그 요구에 깔린 윤리에 있다고 한

페미니즘의 틀로 나를 보다

다. 기본 소득 요구가 노동 윤리를 훼손하고, 검약과 저축의 윤리, 양보의 정치, 노동 계약의 이상과 노동을 통한 사회적 상호성의 이상에 도전한다는 것이다. 그렇지만 저자는 '유토피아적 요구'로 보일 수 있는 이런 것들이 전통적 이분법을 거부하고 더 발본적 지향성과 수행성을 가질 수 있다고 믿는다. 여성 운동가의 표현대로 "이기고자 투쟁할 때 그 과정에서 많은 것을 얻을 수 있다"는 것이다.

그 과정에서 무엇을 얻을 수 있을까? 무엇을 얻게 되든 이것 하나는 확실하다. 살기 위해 일하는 것이 아니라, 일하기 위해 살고 있는 이 삶에 대해 비판적으로 인식할 수 있게 된다는 것이다. 다시 생각해보자. 나는 '여성' 노동 주체로서 남성 노동 시장에서 살아남는 것도 힘들었지만 그렇다고 해서 가족 노동 시장에서 사랑과 봉사와 희생이라는 단어 뒤에 숨고 싶지도 않다. 앞에서 인용한 가사 노동 임금 운동가 델라 코스타의 표현대로 나는 '선택'을 원한다. 내 시간을 내가 원하는 대로 선택할 수 있는 권리, 그 선택에 따라 삶을 살아갈 수 있는 권리, 무슨 선택을 하든 최소한의 인간적 존엄을 유지할 수 있는 조건, 즉 기본 소득과 시간 주권, 젠더 평등이 있는 삶을 원한다. 그것들을 풀어 써보면 이런 거다.

근대 자본주의 사회 기업 조직에서 '이상적 노동자상'은 늘 일정한 시간에 출근하고, 장시간 노동이 가능하며 가족 돌봄의 역할과 책임으로부터 방해받지 않는 사람으로 규정되었다. 누군가로부터 끊임없이 돌봄을 공급받고 있다는 가정하에 확립된 이러한 노동자상은 일과 가족 돌봄 모두를 병행해야 했던 여성들의 지위를 늘 불완전하게 만들었다. 이런 시점에서 여성에게도 노동할 권리를 달라거나 성별에 관계없이 좋은 노동자가 될 수 있다는 이야기가 과연 얼마나 의미가 있을까?

이에 페미니스트들은 이상적인 노동자상의 전환을 성평등 전략으로 제안하며, 성별에 관계없이 모든 노동자가 '잠재적 양육자'라는 새로운 관점에 따라 기업 복지를 재구조화할 것을 요청했다. 이렇게 이상적 노동자상을 변화시키는 데 필요한 개념으로 기본 소득 제도가 있다. 기본 소득 제도는 불안정한 노동 환경의 확대 속에서 빈곤 감소와 사회적 안전망 구축이라는 목표만으로도 여성뿐 아니라 청년과 장애인, 소수자 등 경제적 약자들에게 긍정적 영향을 미칠 잠재력을 가지고 있다. 이제까지 돌봄 불이익은 성별 권력 관계에서 약자인 여성이 일방적으로 감내해왔다. 이에 대해 여성주의는 돌봄의 사회화로 대응해왔지만 자본주의 시장 경제에서 돌봄은 여성을 중심으로 한 노동 시장을 형성하고 말았다. 사회 서비스의 공공성 보장과 확대는 기본 소득 제도가 성별 분업을 강화하지 않도록 하는 최소한의 전제 조건이며, 기본 소득과 사회 서비스 제도는 충분히 양립 가능하다.

이제 시간 주권에 대한 이야기를 해보자. 돈이 최고라고 여겨지는 세상에서 돈을 버는 것을 제외한 나머지 시간은 버려지거나, 소비된 시간으로 여겨진다. 그런 경향에서 우리는 노동에서 제외된 시간, 즉 돌봄과 자기충족적 활동에 점점 더 적은 시간을 쓰게 되었고, 그 시간의 가치를 낮추어서 보게 되었다. 그 결과 돌봄을 필요로 하는 사람, 자기충족에 더 많은 시간을 쓰는 사람을 '의존적' 존재로 보고 서슴지 않게 저평가한다.

시간 차원에서 분석할 때 유급 노동과 무급 노동은 서로 밀접하게 연결되어 있다. 무급 노동과 유급 노동에 쓰는 시간은 시간이라는 유한한 자원 앞에서 선택적으로 결정되고, 무급 노동에 쓰이는 시간은 직접적으로 개인의 유급 노동이나 시장 소득의 기회를 추구하는 활동에 영향을 미친다. 유급 노동에 시간을 많이 쓸수록 무급 노동에는 그만큼 적은 시간을 투입하게 된다. 유/무급 노동에 시간 배분을 어떻게 할 것인가는 개인의 삶과 인간적 만족도에 결정적인 영향을 미친다. 이것이 바로 우리에게 더 많은 시간과 더 적은 일이 필요한 이유이고, 유/무급 노동에 시간을 분배할 자유, 즉 '시간 주권'을 말해야 할 이유이다.

남편과 같이 회사를 운영하면서 나의 삶은 많이 달라졌다. 나는 이제 남편과 함께 공동육아, 공동노동, 즉 맞벌이와 맞돌봄을 하고 있다. 그 말은 곧 우리 부부 둘 다 시간 주권을 사용할 수 있게 되었다는 의미이다. 그제야 나는 일과 육아를 하는 와중에 대학원 공부를 병행할 결심을 할 수 있었다. 이것은 시장과 자본에 헌신하는 전일제 노동자의 현실에서는 실현하기 힘든 것일 테다. 이에 맞서기 위해서는 여성뿐 아니라 남성 또한 더 적은 일을 할 수 있도록 싸울 필요가 있지 않을까? 남성이 돌봄을 선택할 수 있으려면 강력한 유인책이 필요하고, 사회 전반에 걸친 광범위한 차원의 인식 변화가 필요하다. 돌봄에 참여하는 남성들이 증가할수록 돌봄은 여성의 일이라는 기존의 통념은 깨질 것이다.

'젠더 혁명(Gender Revolution)'은 전통적 성 역할로부터 벗어나는 경향을 지시하는 말이기도 하지만, 성 역할의 변화가 가능해지고 그것이 여타 사회 영역과 남성에게 미치는 영향의 파급 효과를 통칭하는 사회 혁명의 한 형태로 이해되기도 한다. 혹실드는 여성의 성 역할 변화에도 불구하고 남성의 변화가 뒤따르지 않는 현실을 '지체된 젠더 혁명'이라고 부르면서, 젠더 혁명을 생산 활동과 재생산 활동의 변화 양상을 평가하는 개념으로 만들었다. 나아가 클라우디아 골딘과 골드샤이더 등의 학자들은 젠더 혁명이 두 단계로 이루어진다고 설명한다. 간단히 말해 여성의 생산 활동 참여가 1단계 젠더 혁명이라면 남성의 재생산 활동 참여는 2단계 젠더 혁명이라고 보는 것이다. 젠더 혁명은 생산 활동에의 동등한 참여뿐 아니라 재생산 활동에의 동등한 참여, 즉 생산과 재생산의 통합을 통해 젠더와 무관하게 삶에 대한 자율성을 확대한다. 이러한 재생산 통합적 젠더 혁명의 시각은, 여성들의 생산 활동 참여의 증가가 재생산과 남성과의 관계를 새롭게 만들어갈 수 있을 때 그 힘을 드러낸다. 우리는 그때 진정한 젠더 혁명이 이루어진다고 볼 수 있을 것이다.

그런데 그것이 가능할까? 시간 주권과 기본 소득, 젠더 평등이 있는 삶을 쓰다 보니, '이번 생에서는 망했다'라는 생각도 들기도 한다. 그 와중에 이 책의 마지막 장에서 역자의 글을 읽다가 가슴이 뛰는 문장을 발견하게 되었다.

> "누군가에게 이런 요구들(저자가 책에서 언급하는 조건 없이 지급되는 기본 소득과 주 30시간 노동)은 너무도 '비현실적'이고, 그래서 낭만적인 유토피아주의로 폄훼될지도 모르겠다. (⋯⋯) 다른 세상은 가능할까? 이 질문에 자신 있게 대답할 수 있는 사람은 아마 없을 것이다. 하지만 마치 다른 세상이 가능한 듯이 요구하고 행동하는 삶이 존재할 때만, 비로소 다른 세상의 가능성이 생겨난다. 나는 이 책을 옮기면서 그렇게 믿게 되었다."
>
> _《우리는 왜 이렇게 오래, 열심히 일하는가?》 (p.363)

마치 다른 세상이 가능한 듯이 요구하고 행동하는 삶이 존재할 때만 비로소 다른 세상의 가능성이 생겨난다니. 나를 페미니즘으로 이끈 것은 유급 혹은 무급 노동이 양립 가능한 가족 모델의 부재에 대한 절망이었다. 페미니즘 책을 읽으며 나의 문제가 남편과 아내 사이 노동의 분배와 같은 개인의 의지와 선택만으로는 해결할 수 없음을 알게 되었다. 페미니즘 책을 읽으며 역사적·사회적 맥락과 함께 경제적·정책적 함수가 교차하는 속에 나의 가족 생활이 존재하고 있음을, 나의 억울함과 혼돈과 죄책감과 기쁨과 슬픔까지 정확히 그 좌표 안에서 구성되어지고 있음을 느끼게 되었다.

그 과정에서 다시 깨닫게 된다. 위계적인 성별 분업, 여성 노동에 대한 폄하, 가사 노동의 비가시화, 돌봄 노동의 폄훼 등등 여성의 노동과 관련된 모든 논쟁거리를 해결하는 방법은 결국, 다른 세상은 가능하다는 믿음, 그 다른 세상에 대한 구체적 상상과 관련되어 있다는 것을 말이다.

시간 주권과 기본 소득, 젠더 평등이 모두 이루어지는 세상이 너무나도 비현실적인 전망 같다고 그냥 포기해? 모두 다 이렇게 산다고 체념하고 나도 그냥 그렇게 살아? 흥, 나는 싫다. 다른 삶에 대한 모색을 불가능하게 만드는 것이 무엇인지 확인하고, 다른 세상이 가능한 것을 상상하는 과정에서 나는 달라졌고, 삶도 달라져버렸다. 이제는 돌아갈 수 없다. 아니 돌아가지 않을 거다.

행복에 대한 규율에서 벗어나기

《페미니스트로 살아가기》

페미니스트로 산다는 것은 피곤한 일이다. 페미니즘으로 인해 내가 얼마나 많은 저녁식사 시간을 망쳐버렸는지 모른다. '자연스럽다'고 이야기하는 것, '전통'이라는 것, '원래 그렇다'는 것의 토대부터 흔들기 위해 노력할수록 저녁식사 분위기는 싸늘해지고, 사람들은 나와 대화하기를 꺼리며 결국 소중한 사람들과 멀어지는 기분을 느끼게 된다. 그러면 나는 나의 신념에 확신이 있음에도 불구하고 앞으로 이런 주제가 나오면 그냥 모르는 척 넘어가버릴까 고민하게 된다. 즐겁고 편안한 시간을 깨는 사람, 눈치 없이 끼어들어 분위기를 망치는 사람, 친구나 가족의 행복을 방해하는 사람이 되고 싶지 않기 때문이다.

사라 아메드는《페미니스트로 살아가기》라는 책을 통해 페미니즘의 역사를 이렇게 규정한다. 남들처럼 '행복하게 살아라'라는 순응과 행복의 의무에 불만을 토로하며 때로 결혼과 가족이라는 제도를 벗어난 여성들이 일으킨 '소란의 역사'라고.

나는 여기서 '행복'이라는 감정을 다시 생각해본다. 행복해야 하지 않겠냐, 남들처럼 평범하게 살아라, 평범한 게 가장 행복한 거다. 이렇게 말하는 사람들의 조언(그 사람들이 내가 사랑하는 사람일 때 더욱 그렇다)은 우리의 선택에 많은 영향을 미친다. 행복해질 거라는 지침과 약속은 개개인의 인생 경로 설정부터 국가 차원의 규율에 이르기까지 강력한 영향력을 발휘한다. 그런데 행복이 문화 정치적으로 만들어진 것이고, 누군가는 그 행복이라는 것을 규율과 통치, 지배 이데올로기로 이용하고 있다면 과연 개인적인 문제로 보는 일이 마땅한가?

행복이라는 지배적 이데올로기는 사회적 규범을 전달하고 수행하는 기능을 담당한다. 젠더 차별적인 가부장제 지배 이데올로기와 강제적 이성애가 평범함과 등치되고, 이 모든 것이 행복의 규율이자 담보가 되는 사회에서 우리가 살고 있는 것은 아닌가 고민하게 된다.

가까운 사람들이 페미니스트들을 겨냥해 수많은 비난들을 쏟아낼 때 그 속에서 어떻게 살아남아야 할까? 사라 아메드는 페미니스트들의 취약함을 정면으로 다루어야 한다고 말한다. 취약함을 제거할 것이 아니라 더불어 살아야 한다는 것이다. 행복을 명분으로 삼지 말고 기꺼이 불행을 초래하는 삶. 모욕을 유발하는 농담에 동조하지 말고, 끝나지 않은 역사를 잊고 넘어가지 않는 삶. 부당하고 폭력적이고 불평등한 제도라면 소속되기를 기꺼이 거부하는 삶 말이다.

여기서 나는 어쩔 수 없이 멈칫하게 된다. 나는 과연 그럴 수 있을까? 나는 기꺼이 웃지 않음으로써 분위기가 싸해지는 상황을 참을 수 있는가? 사랑하는 이들과 얼굴 붉히며 논쟁하고 싶은가? 적당히 평등한 제도에서라면('적당히'가 어느 정도일지는 모르겠지만) 그것에 소속되기를 거부할 수 있는가? 이런 생각을 하다 보면 결국 이것조차 나의 취약함이라고 인정하게 된다. 어쩌면 나는 평생 이것을 극복하거나 이기지 못할지도 모른다. 나도 인정한다. 그렇게 나는 나의 취약함을 다루는 방식을 조금씩 배워가고 있다.

페미니스트에게도 몇 가지의 생존 키트가 필요하다. 아메드는 그 자리에 몇 권의 책들을 넣어두었다. 나는 그 책들을 읽는다. 내가 읽은 책의 레퍼런스로 내가 지을 집의 형태가 결정된다고 믿기 때문이다. 그렇기에 나는 페미니스트를 페미니즘 책을 읽는 사람이라고 생각한다. 함께 읽는다면 함께 집을 지을 수 있다. 함께 다른 세상을 향해 나아갈 때 불행 속에서라도 웃을 수 있다. 그렇게 믿고 싶다.

참고문헌

1부

○ 프롤로그
- 김연수 지음,《청춘의 문장들》, 마음산책, 2004
- 신형철 지음,《정확한 사랑의 실험》, 마음산책, 2014
- 프란츠 파농 지음, 이석호 옮김,《검은 피부, 하얀 가면》, 인간사랑, 2013
- 정희진 지음,《페미니즘의 도전》, 교양인, 2013
- 사사키 아타루 지음, 송태욱 옮김,《잘라라, 기도하는 그 손을》, 자음과모음, 2012

○ 나는 왜 읽는가
- 철학아카데미 지음,《처음 읽는 프랑스 현대철학》, 동녘, 2013
- 황인숙 지음,《자명한 산책》, 문학과지성사, 2003
- 스테퍼니 스탈 지음, 고빛샘 옮김,《빨래하는 페미니즘》, 민음사, 2014
- 하루카 요코 지음, 지비원 옮김,《나의 페미니즘 공부법》, 메멘토, 2016

○ 나에게 식자우환은 정희진의 책을 읽는 것이다
- 유시민 지음,《청춘의 독서》, 웅진지식하우스, 2009
- 정희진 지음,《아주 친밀한 폭력》, 교양인, 2016
- 정희진 지음,《정희진처럼 읽기》, 교양인, 2014
- 프란츠 파농 지음, 남경태 옮김,《대지의 저주받은 사람들》, 그린비, 2010

- 로라 브라운 지음, 김민예숙 외 옮김,《여성주의상담의 전복적 대화》, 한울아카데미, 2012

○ **여자가 있는 엄마를 찾습니다**
- 알리 러셀 혹실드 지음, 백영미 옮김,《돈 잘 버는 여자 밥 잘 하는 남자》, 아침이슬, 2001
- 브리짓 슐트 지음, 안진이 옮김,《타임 푸어》, 더퀘스트, 2015
- 애너벨 크랩 지음, 황금진 옮김,《아내 가뭄》, 동양북스, 2016
- 마리아 미즈 지음, 최재인 옮김,《가부장제와 자본주의》, 갈무리, 2014

○ **왜 명화에는 벗은 여자들이 많을까**
- 존 버거 지음, 최민 옮김,《다른 방식으로 보기》, 열화당, 2012
- 양정무 지음,《그림값의 비밀》, 매일경제신문사, 2013
- 아네트 쿤 지음, 이형식 옮김,《이미지의 힘》, 동문선, 2001
- Laura Mulvey, *Visual Pleasure and Narrative Cinema*, Screen 16.3 Autumn, 1975

○ **내 안의 콤플렉스를 고발합니다**
- 여성을 위한 모임 지음,《일곱 가지 여성 콤플렉스》, 현암사, 1992
- 수전 브라운밀러 지음, 박소영 옮김,《우리의 의지에 반하여》, 오월의봄, 2018
- 이정원 지음,《전을 범하다》, 웅진지식하우스, 2010
- 우에노 지즈코 지음, 나일등 옮김,《여성 혐오를 혐오한다》, 은행나무, 2012

○ '착한 남자'는 어떻게 만들어지는가
- 토니 포터 지음, 김영진 옮김,《맨박스》, 한빛비즈, 2016
- 김은주 지음,《생각하는 여자는 괴물과 함께 잠을 잔다》, 봄알람, 2017
- 우치다 타츠루 지음, 이경덕 옮김,《푸코, 바르트, 레비스트로스, 라캉 쉽게 읽기》, 갈라파고스, 2010

○ 나쁜 권력의 연대
- 네이버 법률용어사전 '강간'
- 수전 브라운밀러 지음, 박소영 옮김,《우리의 의지에 반하여》, 오월의봄, 2018
- 로빈 월쇼 지음, 한국성폭력상담소 부설연구소 울림 옮김,《그것은 썸도 데이트도 섹스도 아니다》, 일다, 2015

○ 여성 혐오 3종 세트
- 우에노 지즈코 지음, 나일등 옮김,《여성 혐오를 혐오한다》, 은행나무, 2012
- Eve Kosofsky Sedgwick, *Between Men*, Julie Rivkin, Michael Ryan, et al., Literary Theory: An Anthology (Malden, Mass: Blackwell, 2001), 696~712
- 우에노 지즈코 지음, 조승미·최은영 옮김,《여자들의 사상》, 현실문화연구, 2015
- 권김현영 외 지음, 정희진 엮음,《양성평등에 반대한다》, 교양인, 2016

2부

○ **나는 왜 쓰는가**

- 버지니아 울프 지음, 이미애 옮김,《자기만의 방》, 민음사, 2016
- 나혜석 지음, 장영은 엮음,《나혜석, 글 쓰는 여자의 탄생》, 민음사, 2018
- 은유 지음,《쓰기의 말들》, 유유, 2016
- 민혜영 외 지음,《글 쓰는 여자는 위험하다》, 들녘, 2019
- 이만교 지음,《개구리를 위한 글쓰기 공작소》, 그린비, 2012
- 슈테판 볼만 지음, 조이한·김정근 옮김,《책 읽는 여자는 위험하다》, 웅진지식 하우스, 2006
- 조지 오웰 지음, 이한중 옮김,《나는 왜 쓰는가》, 한겨레출판, 2010

○ **가부장제를 고발합니다**

- 거다 러너 지음, 강세영 옮김,《가부장제의 창조》, 당대, 2004
- 기계형, 〈서구여성사의 위대한 개척자 거다 러너(Gerda Lerner)를 추모하며〉, 여 성과 역사, Vol.19, 2013
- 김정화, 〈거다 러너의 여성사 인식: 여성 문화와 가부장제를 중심으로〉, 부산 대학교 대학원, 2002
- 프리드리히 앵겔스 지음, 김대웅 옮김,《가족, 사유재산, 국가의 기원》, 두레, 2012
- 조옥라, 〈가부장제에 관한 이론적 고찰〉, 한국여성학, Vol.2, 1986

○ **나는야 세컨드**

- 시몬 드 보부아르 지음, 이희영 옮김, 《제2의 성》, 동서문화사, 2009
- 김경미 지음, 《엿, 나의 세컨드는》, 문학동네, 2006
- 네이버 지식백과 '시몬 드 보부아르'

○ **급진적인 아니 근본적인**

- 로즈마리 통 지음, 이소영 옮김, 《페미니즘 사상》, 한신문화사, 2000,
- 슐라미스 파이어스톤 지음, 김민예숙·유숙열 옮김, 《성의 변증법》, 꾸리에북스, 2016
- 노승희, 〈페미니즘 이론의 실천적 지평: 젠더와 성정치〉, 비평과이론, Vol.4 No.2, 1999
- 이나영, 〈급진주의 페미니즘과 섹슈얼리티〉, 경제와 사회, No.82, 2009
- 앨리스 에콜스 지음, 유강은 옮김, 《나쁜 여자 전성시대》, 이매진, 2017
- 채사장 지음, 《지적 대화를 위한 넓고 얕은 지식》, 한빛비즈, 2014
- 힐러리 찰스워스, 〈인권개념의 여성주의적 재구성〉, 여성학논집, Vol.20, 2003
- 캐슬린 배리 지음, 정금나·김은정 옮김, 《섹슈얼리티의 매춘화》, 삼인, 2002

○ **당신은 몇 등 피해자입니까**

- 페트리샤 힐 콜린스 지음, 박미선·주해연 옮김, 《흑인 페미니즘 사상》, 여이연, 2009

- 한우리 외 지음,《교차성×페미니즘》, 여이연, 2018
- 황수경·김가율, 〈기혼여성의 경제적 지위- 맞벌이가구를 중심으로〉, 노동리뷰, 2000

○ 좋은 성, 나쁜 성, 이상한 성
- 게일 루빈 지음, 임옥희 외 옮김,《일탈》, 현실문화연구소, 2015
- Catharine A. MacKinnon, *Pornography, Civil Right, and Speech*, Francis Biddle Memorial Lecture, given at Harvard Law School, April 5, 1984
- Catharine A. MacKinnon, *Sexuality, Toward a Feminist Theory of the State*, Cambridge: Harvard University Press, 1989
- 허라금, 〈맥키논의 급진적 여성주의 정치학〉, 여성이론, No.3, 2000
- 한채윤 외 지음,《양성평등에 반대한다》, 교양인, 2016

○ 복잡한 것을 복잡하게 보기
- Joan Scott, *Gender: A Useful Category of Historical Analysis*, Gender and the Politics of History, Columbia University Press, 1988
- 조앤 스콧 지음, 공임순 외 옮김,《페미니즘의 위대한 역사》, 앨피, 2017

○ 여성과 남성에 대해 다시 생각하기
- 주디스 핼버스탬 지음, 유강은 옮김,《여성의 남성성》, 이매진, 2015
- 주디스 버틀러 지음, 조현준 옮김,《젠더 트러블》, 문학동네, 2008

- 김애령, 〈'여자 되기'에서 '젠더 하기'로: 버틀러의 보부아르 읽기〉, 한국여성 철학, 2010
- 권순정, 〈주디스 버틀러의《젠더 트러블》을 통해서 본 젠더〉, 새한철학회, 2013
- 민경숙, 〈주디스 버틀러의 젠더 이론, 어떻게 읽을 것인가〉, 용인대학교 자연 과학연구소, 2011

3부

○ **맘충의 정치경제학**
- 조남주 지음,《82년생 김지영》, 민음사, 2016
- 캐스 브라운 외 지음, 김현철 외 옮김,《섹슈얼리티 지리학》, 이매진, 2018
- 김주희 지음,《더 나은 논쟁을 할 권리》, 휴머니스트, 2018
- 오찬호 지음,《결혼과 육아의 사회학》, 휴머니스트, 2018
- 마사 누스바움 지음, 조계원 옮김,《혐오와 수치심》, 민음사, 2015

○ **가사와 육아는 노동인가, 사랑인가**
- 한국여성경제학회 지음,《젠더와 경제학》, 경문사, 2012
- 카트리네 마르살 지음, 김희정 옮김,《잠깐 애덤 스미스씨, 저녁은 누가 차려 줬어요?》, 부키, 2017
- 윤자영, 〈돌봄불이익과 기본소득〉, 한국사회정책, Vol.25 No.2, 2018

- 윤자영, 〈사회재생산과 신자유주의적 세계화: 여성주의적 정치경제학 이론적 검토〉, 마르크스주의 연구, Vol.9 No.3, 2012

○ 육아는 본성이라는 굴레
- 낸시 폴브레 지음, 윤자영 옮김,《보이지 않는 가슴》, 또하나의문화, 2007
- 강이수, 〈산업화 이후 여성노동시장의 변화와 일-가족 관계〉, 페미니즘 연구, 2007
- 김혜경, 〈보살핌노동의 정책화를 둘러싼 여성주의적 쟁점: '경제적 보상 (payment for care)'을 중심으로〉, 한국여성학, 2004.

○ '아내'를 둘러싼 대연정
- 여성평우회 엮음,《제3세계 여성노동》, 〈자본주의, 가부장제, 성별분업〉, 창작 과비평사, 1985
- 실비아 페데리치 지음, 황성원 옮김,《캘리번과 마녀》, 갈무리, 2011
- 홍영화, 〈비판적 여성주의 관점에서 마녀사냥 읽기: 실비아 페데리치《캘리번 과 마녀》〉, 여성이론, No.26, 2012
- 마리 루티 지음, 김명주 옮김,《나는 과학이 말하는 성차별이 불편합니다》, 동 녘사이언스, 2017
- 캘리 마리아 코르더키 지음, 손영인 옮김,《나는 왜 너와 헤어지는가》, 오아시 스, 2019
- 조주은 지음,《기획된 가족》, 서해문집, 2013

○ **나는 주부다**
- 실비아 페데리치 지음, 황성원 옮김, 《혁명의 영점》, 갈무리, 2013
- 배상미, 〈가사 노동을 역사화하기: 실비아 페데리치〉, 여성이론, No.32, 2015

○ **과학이라는 함정**
- 게르드 브란튼베르그 지음, 히스테리아 옮김, 《이갈리아의 딸들》, 황금가지, 1996
- 샌드라 하딩 지음, 조주현 옮김, 《누구의 과학이며 누구의 지식인가》, 나남, 2009
- 샌드라 하딩 지음, 이재경 옮김, 《페미니즘과 과학》, 이화여자대학교출판문화원, 2002
- 황희숙, 〈페미니스트 과학론의 의의_하딩의 주장을 중심으로〉, 한국여성철학, Vol.18, 2012
- 박혜경, 〈나의 앎에 대하여 나는 누구인가?, 《누구의 과학이며 누구의 지식인가: 여성들의 삶에서 생각하기》〉, 한국여성학, Vol.25 No.3, 2009
- 조주현, 〈샌드라 하딩〉, 여성이론, No.14, 2006

○ **나는 너를 모른다**
- 마리 루티 지음, 김명주 옮김, 《나는 과학이 말하는 성차별이 불편합니다》, 동녘사이언스, 2017

- 앤서니 기든스 지음, 배은경·황정미 옮김, 《현대 사회의 성·사랑·에로티시즘》, 새물결, 2001

○ **모두를 위한 페미니즘 생각법**
- 케이시 윅스 지음, 제현주 옮김, 《우리는 왜 이렇게 오래 열심히 일하는가?》, 동녘, 2016
- 최선영, 〈한국의 '2차 인구변천'과 젠더: 레볼루션인가, 인볼루션인가?〉, 여성학추계학술대회, 2018
- 김원정, 〈한국 기업의 가족정책과 노동자 상의 구성: 1987~1997년을 중심으로〉, 여성학추계학술대회, 2018
- 조순경 지음, 《노동의 유연화와 가부장제》, 푸른사상, 2011
- 김영미, 〈한국의 복지체제와 젠더: 일가정양립정책 개혁을 중심으로〉, 사회보장연구, 2009

○ **에필로그**
- 사라 아메드 지음, 이경미 옮김, 《페미니스트로 살아가기》, 동녘, 2017

여자 공부하는 여자

초판 1쇄 발행 2019년 10월 20일

지은이 민혜영
펴낸이 권미경
편집 임나리
마케팅 심지훈, 조아라, 김보미
디자인 [★]규
펴낸곳 ㈜웨일북
등록 2015년 10월 12일 제2015-000316호
주소 서울시 마포구 월드컵로32길 22, 비에스빌딩 5층
전화 02-322-7187 **팩스** 02-337-8187
메일 sea@whalebook.co.kr **페이스북** facebook.com/whalebooks

ⓒ 민혜영, 2019
ISBN 979-11-90313-06-3 03180

소중한 원고를 보내주세요.
좋은 저자에게서 좋은 책이 나온다는 믿음으로, 항상 진심을 다해 구하겠습니다.

이 도서의 국립중앙도서관 출판예정도서목록(CIP)은
서지정보유통지원시스템 홈페이지(http://seoji.nl.go.kr)와
국가자료공동목록시스템(http://www.nl.go.kr/kolisnet)에서 이용하실 수 있습니다.
(CIP제어번호: CIP2019038061)